KB107995

Original Japanese title: SUGAKUJOSHI TOMOKA GA OSHIERU SHIGOTO DE SUJI WO TUKAUTTE,
KOUIUKOTODESU
Copyright © Shintaro Fukasawa 2013
Original Japanese edition published by Nippon Jitsugyo Publishing Co., Ltd.
Korean translation rights arranged with Nippon Jitsugyo Publishing Co., Ltd.
though The English Agency(Japan) Ltd. and Eric Yang Agency, Inc.

이 책의 한국어판 저작권은 The English Agency(Japan)과 Eric Yang Agency를 통한 저작권자와의
독점 계약으로 (주)타임교육C&P에 있습니다.
저작권법에 의해 한국 내에서 보호를 받는 저작물이므로 무단 전재와 복제를 금합니다.

팀장님, 숫자로 말씀해 주세요!

느낌이 아니라
데이터로 일하는 방법

후카사와 신타로 지음
김형순 옮김

팀장님,

숫자로

말씀해 주세요!

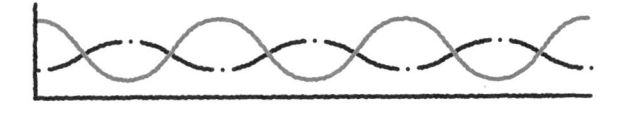

타임북스
T·IME Books

목차

| 프롤로그 | 정반대인 두 사람의 만남

| 제1장 | 숫자를 사용하여 대화를 할 수 있습니까?

|최종장| 숫자의 힘이 업무를 바꾼다

들어가며

회사 업무, 잘 하고 계신가요?

'나는 경험도 있고, 감도 좋은 편이니 잘 하고 있다'고 생각하실 독자분도 계실지 모르겠습니다.

물론 경험과 감을 부정할수는 없습니다. 비즈니스에 있어서 경험과 감은 분명 필요합니다.

그러나 이것만 가지고 일을 하는 것이 문제를 일으키는 경우도 있습니다.

제가 비즈니스 수학을 전문적으로 지도한지 2년쯤 되면서 알게 된 것이 두 가지 있습니다.

첫 번째는 많은 기업의 경영자와 인사 담당자가 숫자 감각이 없는 직원으로 인해 골머리를 앓고 있다는 것이며, 두 번째는 많은 사람들이 자신은 비즈니스에서 왜 숫자가 중요한지, 그리고 어떤 상황에서 구체적으로 어떻게 숫자를 사용하면 좋을지를 알고 있다고 생각하지만, 실제로는 그렇지 않다는 사실입니다.

이 책에는 어려운 수학 이론이 아닌, 수학에 어려움을 느끼는 분도 현장에서 바로 활용할 수 있는 쉬운 수학을 소개하고 있습니다. 하지만 아무리 쉽다고 해도 수학은 역시 수학이기에, 단지 이론만을 나열하는 방식이라면 독자 여러분이 금방 흥미를 잃을 것입니다.

그래서, 수학에 능통한 신입 직원과 경험과 직감만으로 업무를 하는 팀장을 주인공으로 하는 이야기에 수학을 녹여냈습니다. 정반대의 두 사람이 비즈니스를 잘 이끌어 나가기 위해 고군분투하는 모습을 보면서, 독자 여러분은 어렵지 않게 수학을 배울 수 있을 것입니다.

업무에서 숫자를 사용하는 방법, 두 사람의 주인공을 통해 그 답을 얻을 수 있을 것입니다.

그럼 이 책의 끝에서 다시 뵙겠습니다.

2013년 7월
후카사와 신타로

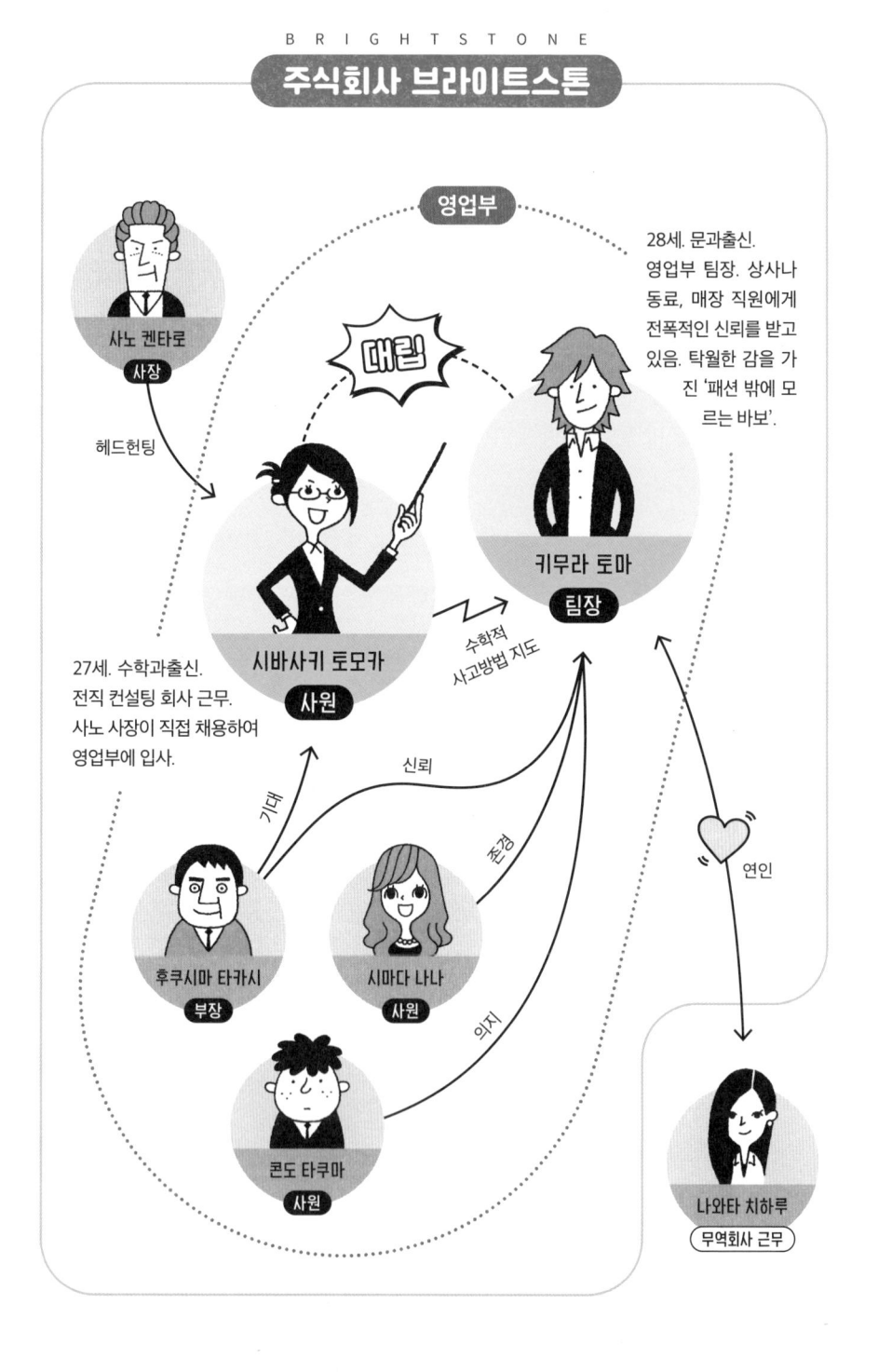

BRIGHTSTONE

주식회사 브라이트스톤

영업부

사노 켄타로
사장

28세. 문과출신. 영업부 팀장. 상사나 동료, 매장 직원에게 전폭적인 신뢰를 받고 있음. 탁월한 감을 가진 '패션 밖에 모르는 바보'.

대립

헤드헌팅

키무라 토마
팀장

27세. 수학과출신. 전직 컨설팅 회사 근무. 사노 사장이 직접 채용하여 영업부에 입사.

시바사키 토모카
사원

수학적 사고방법 지도

기대

신뢰

존경

후쿠시마 타카시
부장

시마다 나나
사원

연인

의지

콘도 타쿠마
사원

나와타 치하루
무역회사 근무

프롤
로그

정반대인
두 사람의 만남

팀장님,
숫자 좀 아시나요?

1. | 갑작스러운 헤드헌팅!

크리스마스 이브의 호출

사노: 부탁이 있어요.

12월 24일 오후 7시 30분, 크리스마스 이브.

시바사키 토모카는 비즈니스 스쿨에서 같은 강좌를 수강한 인연으로 알게 된 사노 겐타로와 같은 테이블에 앉아있었다.

45세의 사노는 중견 의류 기업 주식회사 BRIGHT STONE의 사장으로, 패션 업계 종사자라고 하면 흔히 떠올리는 그런 느낌은 아니지만 깔끔하고 단정해 보이는 비즈니스맨 같은 모습이었다.

두 사람은 연인이 아니다. 그저 상담할 것이 있어 3년 만에 토모카에게 연락을 한 것이다. 가벼운 잡담을 나누면서 건배한 후, 사노가 씨익 웃으며 꺼낸 말이 '부탁이 있어요' 였던 것이다.

토모카: 네?

사: 시바사키씨의 소문은 익히 들어 잘 알고 있어요. 컨설팅 회사에서 중소기업 지원 업무를 하고 계시죠? 전에 인터넷 사이트에 실린 기사를 봤어요. 활약이 대단하던데요.

토: 별말씀을요, 대단한 일도 아닌데요.

사: 시바사키씨 28살이죠? 진짜 대단하네요.

토: (정색) 27입니다.

토모카는 대형 컨설팅 회사에 취직한 지 5년차이다. 여자라고 하대하는 것을 극단적으로 싫어하고, 동료(특히 남자)에게 지고 싶지 않아 필사적으로 일을 하고 있다.

그녀의 강인함은 대학생 시절의 주변 환경 때문일지도 모른다. 토모카는 이학부 수학과 출신으로, 대부분 남학생이 많았던 환경에서 토모카는 좋든 싫든 눈에 띄었다. 아무도 입 밖으로 꺼내지는 않았지만, '여자 주제에 수학을 해?'라는 분위기가 팽배한 수학과에서 그녀는 누구보다 우수했다. 대충대충 공부하는 녀석들에게 지고싶지 않아 정말 최선을 다해 공부했기 때문이다.

🧑 **샤:** 아아, 미안합니다. 그럼 본론으로 들어가볼게요.

🧑 **토:** 무슨 부탁이신가요?

🧑 **샤:** 우리 회사요.

🧑 **토:** 네? 사노씨 회사는 잘 되고 있지 않나요?

사노가 경영하는 주식회사 BRIGHT STONE은 전국에 10개 매장을 가진 중견 의류 기업이며, 브랜드 WIXY는 20-30대 여성을 타깃으로 하는 브랜드로, 매년 매출이 증가하고 있다.

🧑 **샤:** '숫자 문제'가 있어요.

🧑 **토:** 숫자 문제...?

🧑 **샤:** 비즈니스 스쿨에서 공부할 때 들었던 것 같은데, 토모카씨 수학과 출신이죠?

🧑 **토:** 네, 별 걸 다 기억하고 계시네요.

🧑 **샤:** 대학교 때 배운 수학을 지금 업무에서 씁니까?

🧑 **토:** 음... 아뇨. 학교에서 배운 수학을 사용하진 않아요. 그때는 수학을 학문으로 배웠으니까요. 당시에 배운 것이 지금 업무에 도움이 되는지를 생각해 본 적도 없고요. 사실 무엇보다도 업무에 사용하는 수학적 사고는 대학과 같은 전문 교육 기관에서 얻을 수 있는 것이 아니라고 생각해요.

사: 그렇다면 도대체 업무에 도움이 되는 수학은 언제 배우는 겁니까?

생각할 시간이 좀 필요했는지 토모카는 잔에 있던 매실주를 들이켰다.

그런 토모카를 보며 사노는 그녀가 성격과는 반대로 술의 취향은 부드럽다고 생각했다.

토: 음... 중학교, 아니면 초등학교 산수 정도면 업무에 충분히 쓸 수 있겠네요.

사: 그것을 우리 영업부 직원들에게 가르쳐줄 수 있을까요?

토: 설마 수학 과외를 해달라는 건 아니시죠?

사: 하하하, 그게 아니라, 토모카씨에겐 당연한 숫자 사용 방법을 우리 직원들은 잘 모르는 것 같아서요. 우리 직원들은 정말 패션 밖에 모르거든요.

패션 밖에 모른다면 계속 활약할 수 없다

토모카는 사노의 부탁이 무슨 의미를 담고 있는지 알아챘다.

사: 패션에 푹 빠져 있다는 것은 중요한 일입니다. 특히 젊을 때는 더 그렇죠. 하지만 그것만으로는 개인도 기업도 더 앞으로 나아 갈 수 없어요. 지금은 매출이 꽤 좋지만, 이를 유지하면서 앞으 로 나아가기 위해서는 모든 사원들이 숫자감각을 가져야 한다 고 생각해요.

토: 그런 일이라면 도와 드릴 수 있어요. 일정을 확인한 후에 컨설 턴트 한 분을 모시고 가서 진단해 보겠습니다.

사: 아니 그게 아니라, 우리 회사로 이직해주세요.

토: ...?

사: 오셔서 확실히 도와주시면 좋겠어요. 물론 그에 걸맞은 대우를 하겠습니다.

사노는 웃으며 말했다. 마치 이 이야기를 즐기고 있는 것 같 았다.

반면 조금 긴장했던 토모카는 매실주를 병째 마시면서 이렇게 말했다.

토: 이거... 헤드헌팅인 거죠?

사노는 웃으면서 맥주를 마셨다. 크리스마스 이브 저녁, 이런 대화를 하는 남녀가 또 있을까? 연인들의 대화가 꽃을 피우고 있는 가게에서, 이 두 사람이 앉은 테이블은 사뭇 다른 분위기였다.

2. | 왜 저에게 부탁하시는 거죠?

3가지 요소를 갖춘 인물

토모카는 왜 사노 사장이 패션 업계 경험이 전무한 자신에게 이런 제안을 했는지가 궁금했다.

🧑 **토:** 사노씨, 질문이 3가지 있어요.

🧑 **샤:** 질문은 받지 않습니다.

🧑 **토:** … 네?

🧑 **샤:** 농담, 농담. 물어보세요.

🧑 **토:** 첫 번째는 왜 저에게 제안을 주셨는지가 궁금하고, 두 번째는 왜 회사에 컨설팅을 제공하는 방식이 아니라 제가 입사하는 방

식을 생각하셨는지가 궁금합니다. 그리고 3번째는...

사노는 역시 토모카는 머리가 좋다고 생각했다. 이런 질문을 할수 있는 능력은 똑똑함과 경험이 만들어냈을 것이라 생각했다.

🧑 **사:** 세 번째는?

👩 **토:** 세 번째는, 왜 이런 이야기를 크리스마스 이브에 하시는지가 궁금하네요.

🧑 **사:** 하하하. 알겠어요. 하나씩 얘기해 줄게요.

사노는 수첩과 펜을 꺼내 그림을 그려서 토모카에게 보여주었다. 이런 그림은 수학에서 '벤 다이어그램'이라 하는데, 입사 시험인 SPI[1] 에 등에 출제되는 집합 문제에서 사용하는 그림이다.

👩 **토:** 벤 다이어그램이네요.

🧑 **사:** 맞아요. 3가지의 집단이 있습니다. 각각 이름을 붙여보면, ①은 '수학적 사고력을 갖춘 사람'입니다. 여기에는 수학을 잘

---

1 Synthetic Personality Inventory. 일본의 많은 기업이 신입사원 채용을 위해 사용하는 종합적성검사. 응시자의 능력과 인성 파악을 목적으로 한다. (역자 주)

◎ 사노가 그린 벤 다이어그램(3가지 집합)

① … 수학적 사고력을 갖춘 사람의 집합
② … 비즈니스 경험이 풍부하고 스킬과 사고법을 갖춘 사람의 집합
③ … 가르치는 일을 하는 사람의 집합

하는 사람, 수학자 등이 해당합니다. ②는 '비즈니스 경험이 풍부하고 스킬과 사고법을 갖춘 사람'. 여기에 해당되는 사람은 매우 많아요. 나도 시바사키씨도 여기에 해당되겠네요.

토: ③ '가르치는 일을 하는 사람'에 속한 사람들도 상당히 많아요. 학교나 학원 교사가 있겠네요.

샤: 그렇죠. 하지만 당신이라면 다른 직업도 떠올릴 수 있을 것 같은데.

토: … 컨설턴트군요.

사노는 수학을 전문적으로 배워 실전에 필요한 수학적 사고력

을 갖추고 있으면서, 동시에 비즈니스 경험이 많고, 또 그것을 가르칠 수 있는 능력을 가진 사람이 필요했던 것이다.

토: 그래서 제가 적임자라는 거군요.

샤: 그럼 두 번째 질문에 대한 답변은 간단하겠죠? 가르치려면 반드시 가까이 있어야 하니까요. 결과물을 첨삭 받는 것보다 대면으로 바로 배우는게 효율적이잖아요.

토: 지금까지 이런 일을 생각해 본 적이 없어요. 분명 학교 교육이나 수험지도를 하는 수학 전문가는 많지요. 하지만 회사 사원들에게 필요한 수학적 사고를 가르쳐주는 사람이 이 세상에 얼마나 있을까 싶네요.

토모카는 말로는 표현할 수 없는 두근거림을 느꼈다. 분명 컨설턴트 회사에서 5년간 배운 것을 가르치는 것은 어렵다. 하지만 외부에서 지도하는 것에 거리감을 가지고 있었던 것도 사실이었다. 확실한 효과를 위해서는 회사 내부에서 자신의 경험과 전문성을 바탕으로 직원들을 가르치며 함께 비즈니스를 확장할 필요가 있었다. 게다가 아주 새로운 분야인 패션 비즈니스라면 나쁘지 않다고 생각했다.

🧑 **토:** 그런데...

🧑 **샤:** 아아, 마지막 질문에 대한 답변이요? 시바사키씨라면 분명 크리스마스 이브에 약속이 없을 것 같아서요. 하하하!

🧑 **토:** 사노씨, 그 이유는 정말 별로네요.

　가벼운 웃음을 지으며 농담을 던지는 사노에게 한마디 하긴 했지만, 사실 토모카는 사노의 제안이 '새로운 도전'이라는 크리스마스 선물처럼 느껴졌다.

　토모카는 확신이 서면 바로 행동하는 타입이다. 매실주를 다 마신 후, 레드 와인을 주문하며 그녀는 이미 결심을 굳혔다.

🧑 **샤:** 근데 이건 다른 얘기인데요, 시바사키씨는 어떤 스타일 좋아해요?

🧑 **토:** 사노씨도 이런 질문을 하시는군요?

🧑 **샤:** 뭐... 그냥 평범한 대화를 위해 건넨 질문이라 생각해주세요.

🧑 **토:** 흠, 글쎄요. 저처럼 일에 몰두하는 사람이 좋아요.

🧑 **샤:** 역시 시바사키씨 답네요. 그렇다면 반대로 싫어하는 스타일은?

🧑 **토:** 잘난 척하며 우쭐대는 타입을 제일 싫어해요.

　사노는 씨익 웃으며 맥주를 마셨다.

　그때의 표정이 무슨 의미인지 토모카는 몰랐다.

3. | 패션왕 VS 수학왕

최악의 만남

🧑 **키무라:** 오늘 내 패션 어때? 괜찮죠?

👩 **나나:** 네. 그 재킷 진짜 잘어울려요! 키무라 팀장님은 항상 멋쟁이
시죠.

🧑 **키:** 나나씨 센스도 보통이 아니죠. 그 스커트 우리 회사 신제품이죠?

주식회사 BRIGHT STONE 영업부의 아침은 항상 이런 대화
로 시작된다.

키무라 토마는 28세의 영업부 팀장이다. 패션에 '환장한' 그는,
대학 졸업 후 대형 의류회사 매장 판매원으로 이 업계에 들어왔

다. 옷에 관한 폭넓은 지식과 고객에게 맞는 옷을 센스있게 매칭하는 능력이 매우 뛰어나다. 2년 전 브랜드 전체 기획 총괄을 맡아 BRIGHT STONE으로 이직하였다.

 나: 맞아요. 엄청 예쁘죠? 이게 바로 작년 영업 전략 회의에서 팀장님이 반드시 인기 있을 거라고 단언하신 아이템이잖아요. 팀장님이 말씀대로 진짜 엄청 인기있어요!

 키: 홋, 잘 기억하고 있네요. 역시 나나씨!

명칭은 영업부 팀장이지만 키무라는 영업만 하지 않는다. 상품 기획이나 홍보 전략, 매장 직원 교육 등 다방면에서 활약하고 있다. 말하자면 이 직장의 에이스다.

시마다 나나는 졸업 후 BRIGHT STONE에 입사한 2년차 사원으로 영업부 보조 업무를 하고 있다. 독자 모델로 활동한 적도 있는 눈에 띄는 미인이며, 근무 태도 또한 우수해 키무라에게 좋은 평가를 받고 있다.

 나: 아 맞다. 팀장님, 오늘 4월 1일이잖아요. 새로운 직원 한 분이 오시는 날이네요.

 키: 여자분 같던데 부장님과 사장님한테 여쭤봐도 어떤 사람인지

말을 안해주시더라고. 나야 뭐 확실하게 일 처리만 해주는 사람이라면 아무래도 상관없지만요. 근데 패션 센스가 없으면 곤란한데...

🧑 나: 그 부분만큼은 진짜 확고하시네요.

🧑 키: 당연하죠! 우리 업무가 패션을 제안하는 일이잖아요? 그러니 무엇보다 패션을 사랑하고, 또 자신이 패션의 모범이 되어야 하는건 당연하죠.

🧑 나: 맞아요. 언제나 패션에 열정적인 팀장님을 저는 항상 존경하고 있습니다!

🧑 키: 나나씨, 부끄럽게 왜그래~

그때, 사노 사장이 사무실로 들어왔다. 그의 옆에 있는 무표정의 여성을 본 키무라는 굳어버렸다.

🧑 사: 키무라씨, 오늘부터 영업부에서 함께 근무할 시바사키 토모카 씨입니다.

🧑 토: 시바사키입니다. 처음 뵙겠습니다.

🧑 사: 키무라군보다 한 살 어리니까 팀장으로서 잘 지도해주세요.

🧑 토: 처음이라 모르는 게 많습니다. 앞으로 잘 부탁드립니다.

키무라가 굳어버린 이유는 토모카의 옷차림 때문이었다.

평범, 정말 너무 평범했다. 정장에 하얀 블라우스, 검정색의 구두와 출퇴근용 가방, 그리고 아무리 봐도 멋이라고는 전혀없는, 마치 이공계 모범생 같은 얇은 프레임의 안경을 쓰고 있었기 때문이다.

키: ...

샤: 키무라, 뭔가 하고싶은 말이라도?

키: ... 아뇨, 없습니다.

샤: 자, 그럼 잘 부탁해요.

사노가 나간 후 키무라는 다시 토모카를 (악의는 없지만) 위에서부터 훑어보고 있었다.

키: ... (심각해. 패션이 심각해!)

토: ...

키: 음, 시바사키씨라고 했죠? 한 가지 질문이 있는데,

토: 네.

키: 그 정장은 도대체 어디에서 샀어요?

토: 기억이 안 납니다.

🧑 키: ... 그럼 평소에 어떤 브랜드 옷을 주로 입어요?

🧑 토: 선호하는 브랜드는 딱히 없습니다. 어느 브랜드나 별반 다르지 않다고 생각해서요.

키무라는 미소를 띄우려고 했지만, 이미 누가봐도 굳어질대로 굳어진 얼굴이었다. 이런 키무라의 심정을 아는지 모르는지, 토모카는 키무라에게 질문을 시작했다.

저는 수학과 출신입니다!

🧑 토: 키무라 팀장님, 제가 하나 여쭤봐도 될까요?

🧑 키: 네, 뭐든 물어보세요.

🧑 토: 팀장님, 혹시 수학 잘하셨습니까?

🧑 키: 네? 뜬금없이...? 뭐... 상관없지만. 맞아요, 수학 엄청 싫어했어요. 결국 끝까지 의미도 몰랐고요.

🧑 토: 수학은 제가 제일 잘하는 과목이었습니다. 저는 이학부 수학과 출신입니다.

🧑 키: 아, 그렇군요. 어... 네... (뭐 어쩌라는 거지?)

토: 저와 팀장님은 말 그대로 정반대의 타입일지도 모르겠네요.

어딘가 언짢은 듯 보이는 키무라는 아무 말없이 발길을 돌려 제자리로 돌아갔다. 그 뒷모습을 지켜보며 토모카는 깊은 숨을 들이마셨다.

앞으로 주식회사 BRIGHT STONE을 크게 변화시킬 두 사람의 첫 만남은 이렇게 끝났다. 이과 출신의 수학 전공자가 패션 밖에 모르는 팀장을 어떻게 이끌어갈지, 앞으로 업무에 어떤 변화가 생겨날지, 완전히 다른 두 사람이 엮어 나가는 비즈니스 스토리가 지금부터 시작된다!

제1장

숫자를 사용하여
대화를 할 수 있습니까?

팀장님, 부탁인데
숫자로 좀 알려주세요.

1. 내가 팔린다고 한 것은 반드시 팔린다

'숫자가 늘었다!' 로 끝?

주간 영업 회의가 있는 날. 이 회의는 지난주 매출, 판매량 등을 공유하고, 이번주 판매 전략을 세우는 자리이다. 여기서 결정된 사항은 전국에 있는 10개의 점포에 전달된다.

사노 사장이 회의에 참석하는 일은 흔치 않으며, 이 회의는 영업부장 후쿠시마 타카시가 주관한다. 물론 오늘부터 토모카도 이 회의에 참가한다.

🧑 **후쿠시마:** 머리가 아프네...

👩 **나:** 부장님, 무슨일이세요?

🧑 **후:** 좀 지끈거리네요. 주말에 오랜만에 축구를 좀 했거든요. 헤더 하는데 뒤에서 누가 태클을 거는 바람에...

👩 **나:** 위험했네요. 너무 무리하시지 마세요.

🧑 **후:** 하하하, 그러게요. 자 그럼 이제 회의 시작할까요? 콘도씨, 보고하세요.

콘도 타쿠마는 나나와 같은 영업부 보조로, 졸업 후 신입으로 입사하여 이제 3년차, 25세이다. 얌전한 성격으로, 달리 말하면 좀 따분한 타입이다. 패션에도 그다지 관심 없고, 업무도 느려서 키무라에게 항상 혼나기 일쑤다.

👨 **콘도:** 네. 그럼 보고를 시작하겠습니다. 나눠드린 자료와 같이 지난주 매출은 19,205,000엔으로 지난주 대비 108.7% 입니다.

🧑 **후:** 오, 매출이 좀 늘었네. 좋습니다. 매출 상승의 원인은 무엇이죠?

👨 **콘:** 저는 잘 모르겠습니다만...

👥 **후, 키, 나, 토:** ...

키무라가 바로 한마디 했다.

👩 **키:** 콘도씨, 잘 좀 합시다. 실적보고 자료를 그냥 읽는 정도라면

고등학생이 와도 하겠네요.

콘: 네. 죄송합니다. 키무라씨가 내용을 확인해 주셔서 괜찮은 줄 알았어요...

키: 계속 이렇게 한다면 더 이상 성장할 수 없어요.

콘: 저는 딱히 출세하거나 훌륭해 질 생각은 없어서...

키: 하, 다음에 다시 얘기합시다. 계속해서 아이템별 데이터를 보고해 주세요.

토모카를 제외한 모든 사람이 자료를 보고 있었다.

패션은 기후, 계절, 이벤트, 인기 모델의 TV 출연, 패션잡지 특집처럼 다양한 영향에 의해 변하는 섬세한 영역이다. 그래서 전체적인 매출 변화 추이도 물론 중요하지만, 아이템별 매출 수치야말로 영업부에게 중요한 정보이다.

콘: 재킷과 니트가 계속해서 반응이 좋습니다. 봄 트렌치코트는 조금 줄어든 것 같습니다.

후: 지난주 회의에서 결정한 주력 상품의 동향은 어땠어요?

콘: 네. 5,900엔 파스텔 컬러의 브이넥 니트는 지난주 대비 20% 상승, 키무라 팀장님의 지시로 판매 권유를 늘린 9,800엔 하얀 바지 판매는 단번에 매출이 증가했습니다. 정장 세트 판매

실적도 증가하였습니다. 지난주 대비 15%입니다.

후: 좋아. 우리가 목표한 결과가 나왔네요. 훌륭합니다. 지난주 회의에서 키무라씨가 말한 그대로네요.

키: 제 경험에 의하면 이 시기는 봄에 어울리는 파스텔 컬러의 상의를 찾고, 이미 갖고 있는 사람은 그 컬러에 어울리는 하얀색 바지를 찾는 경향이 있어요. 정장 세트는 아무래도 신입사원처럼 새로운 환경에서의 생활을 위해 미리 준비하는 사람들의 수요로 인해 판매가 상승할 수 있습니다.

나: 역시 팀장님 이세요! 이렇게 또 한 수 배우네요.

키: 나나씨! 앞으로 기대할게요.

후: OK! 그럼 이번 주는 무엇을 팔아야 할지 확인해 볼까요?

그때 토모카가 조용히 오른손을 들어 올렸다.

그녀의 행동에 모든 사람이 긴장했다. 그녀의 대각선 앞에 앉아있던 키무라는 의아한 표정으로 토모카를 바라보았다.

팔린 이유는 나의 센스 때문일까?

후: 네? 시바사키씨? 무슨 일이죠? 그러고 보니 인사도 안 했네요. 영업부장 후쿠시마입니다. 시바사키씨한테 기대가 많...

토: 그럼 질문해도 될까요?

후: ... 네... 질문하시죠.

토: 지난주 대비 108.7% 달성 요인은 무엇입니까?

후: 조금전에 콘도씨가 설명한 것처럼 아이템의 반응이 좋아서... 라고...

토: 그 아이템의 반응이 좋았던 이유는요?

후: 네? 그건 키무라가 생각한 판매 전략이 적중했기 때문이겠죠.

토: 정말 그런 건가요?

조용히 팔짱을 끼고 듣고 있던 키무라의 표정이 완전히 어두워졌다. 후쿠시마 부장도 이 질문에 아무 대답을 할 수 없어 보였다. 나나, 콘도의 시선이 키무라를 향하고 있었다. 키무라가 나서야 했다. 그가 천천히 입을 열었다.

키: 시바사키씨, 패션업계에서 일해본 적 있습니까?

토: 아니요. 전혀 없습니다.

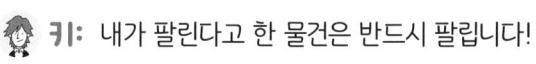 키: 업계 경험이 전혀 없는데 이런 질문을 한다고요? 잘 들어요. 패
션은 감성 비즈니스입니다. 센스가 좋은 사람의 경험과 직감을
통해 결정되는 세계란 말입니다. 미안하지만 잘 모르면서 내
일에 참견하지 않았으면 좋겠네요.

키무라는 매우 불쾌하게 서슴지 않고 함부로 말을 했다. 토모
카는 가만히 듣고 있었지만 그 표정에 변화는 없었다. '훗, 할 말
이 없겠지!'라고 생각한 키무라는 한마디를 덧붙였다.

키: 내가 팔린다고 한 물건은 반드시 팔립니다!

2. | AB테스트를 알고 계십니까?

판단을 위한 AB테스트

🧑 **토:** 그런 일은 있을 수 없습니다.

　키무라는 이 당돌한 신입사원의 말을 이해할 수 없었다. 회의실에 있는 사람 모두가 키무라의 타오르는 분노를 느꼈다. 키무라가 화를 참으며 물었다.

🧑 **키:** ... 뭐라고 했어요?
🧑 **토:** AB테스트를 알고 계십니까?
🧑 **키:** 네?

 **토:** 잠시 화이트보드 좀 사용하겠습니다.

토모카는 벌떡 일어나 화이트보드에 무언가를 그리기 시작했다. 키무라를 제외한 모든 사람이 호기롭게 서있는 토모카의 뒷모습을 바라보았다. 회의의 진행자인 후쿠시마 부장도 침묵했다.

그림을 다 그린 후, 토모카는 모두가 그림을 볼 수 있도록 화이트보드 오른쪽으로 비켜서서 설명을 시작했다.

◎ **웹사이트 배너 광고 평가**

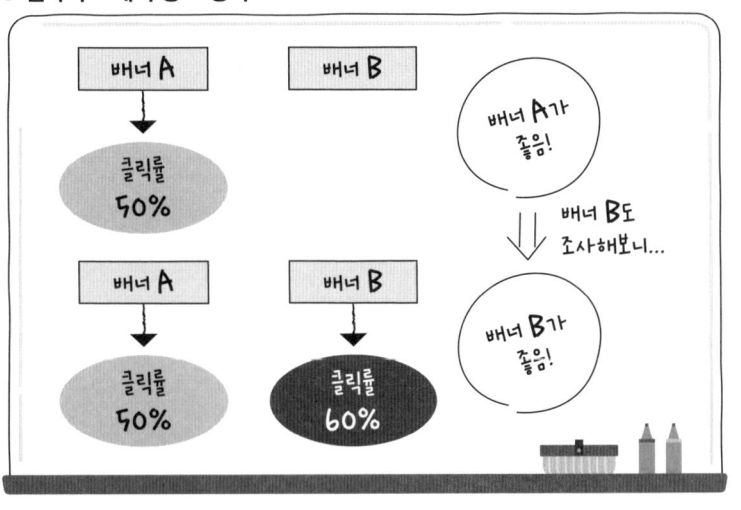

 **토:** 웹사이트에서 자주 볼 수 있는 배너 광고를 예로 들어 보겠습니다. 전문 디자이너가 만든 배너 A와 그럭저럭 만들어진 배

너 B가 같은 조건으로 노출되고 있습니다. 배너 A의 클릭율이 50%일 때, 여러분은 이 배너 A를 어떻게 평가 하시겠습니까?

키: 나는 웹사이트에 대해서는 잘 모르지만, 50%라면 꽤 높은 수치 아닌가요?

토: 그렇다는 건 어떤 의미입니까?

키: A가 더 효과가 좋다는 거죠.

토: 만약 배너 B의 클릭율이 60%라면요?

키: 당연히 A보다 B가 좋은 것이겠죠. 당연한 건데 뭘 묻는 거죠?

회의실은 조용했다. 키무라는 '도대체 이 사람은 뭘까?' 하고 생각했다. 회의실 분위기가 이렇게 된 것이 오히려 토모카 때문이라고 생각했다.

토: 아직 문제를 모르시는 것 같습니다.

키: 문제가 뭔데요? 적당히 좀 합시다. 오늘 이 회의에서 다루어야 할 주제가 아직 많이 있다고요!

토: 이건 조금 전에 말씀하신 지난주 매출과 관련된 내용입니다. 배너 B는 고려할 필요가 없습니까?

키: 네?

단 한 사람만이 토모카가 말하고 싶은 이유를 알아차렸다. 후쿠시마 부장이었다. 그는 표정을 드러내지 않았지만, 분명 조금 전 논의에서 결정적인 것이 빠졌다는 사실을 인정하지 않을 수 없었다.

토: 조금 전 논의는 전략적으로 팔고자 결정했던 상품의 판매지수만 확인했습니다. 이것은 배너 A의 반응만을 확인한 것과 같다고 할 수 있습니다.

키: ...

토: 하지만 전략 상품이 아닌 것, 즉 배너 B의 판매지수를 파악하지 않는다면, 배너 A를 평가 할 수 없습니다. 실제로 지난주 아이템별 판매 지수를 보면 그 외의 상품도 많이 팔렸습니다. 대략 증가율을 계산해보면 이렇게 되겠네요.

평가는 '그 외'를 보고 나서

토모카는 화이트보드의 남은 자리에 표를 그리기 시작했다. 다른 사람들도 이제서야 토모카가 무슨 말을 하는지 이해하기 시작했다. 듣고 보면 당연한 것이지만, 지금까지 이런 관점으로 생각하지 못했다. 적어도 토모카와 키무라를 제외한 3명은 그랬다.

◎ 지난주 판매 상위 10위의 아이템 분류

	키무라가 선택한 상품	그 외의 상품
지난주 대비	약 115%	약 120%

> **토:** 만약 팀장님이 팔린다고 생각한 물건이 반드시 팔린 것이라면, 다른 아이템들도 팔릴 것이라 예상하신 것이겠죠?

> **키:** 억지 부리지 말아요. 내가 팔린다고 예상한 상품의 매출이 증가한 것은 사실입니다. 매장 판매를 더욱더 세세하게 지시했기 때문이라고요!

> **토:** 입사 전에 패션에 대해 조금이라도 알아보려고 많은 매장을 돌아봤습니다.

🧑 **키:** 그래서?

🧑 **토:** 대부분의 매장에서 파스텔 컬러의 니트, 흰색 바지, 정장 세트 판매를 하고 있었습니다.

🧑 **키:** …

🧑 **토:** 그리고 지난주는 패션 잡지가 발간되는 주간이었고요.

🧑 **키:** …

🧑 **토:** 또, 많은 직장인들의 월급날이 있었기 때문에 매출이 늘었을 가능성도 있습니다.

🧑 **키:** 그래서 하고싶은 말이 뭔데요?

키무라의 화가 폭발하기 직전이었다. 표정의 변화가 없는 후쿠시마를 보며 '부장님, 어떻게 좀 해주세요!'라고 속으로 외치고 있는 나나, 아무 생각이 없어보이는 콘도. 영업부원들 모두가 아무 말도 하지 못하고 있을 때, 토모카는 웃는 얼굴로 이렇게 대답했다.

🧑 **토:** 팀장님께서 아무것도 하지 않으셔도 지난주 매출은 올라갔을 겁니다. 반드시.

3. 더는 피할 수 없다

비즈니스 현장에서는 중학교 수학이면 충분하다

사실 이 회사에서 넉살 좋게 이런 말을 키무라에게 말할 수 있는 사람은 아마 토모카 밖에 없을 것이다. 후쿠시마 부장은 영업이나 매장 운영 경험은 있었지만, 기획에 관해서는 대부분 키무라에게 맡기고 있었다. 하지만, 어쨌든 지금 이 상황을 그냥 두기엔 위험하다고 느낀 그는 두 사람 사이에 끼어들었다.

후: 자자, 조금 진정합시다.

토: 저는 흥분하지 않았습니다.

토모카는 확실히 그래보였다. 하지만 키무라는 아니었다. 그는 불쾌한 표정으로 토모카를 노려보고 있었다. 누가 봐도 기분이 상해보였다. 후쿠시마도 사노 사장에게 '재미있는 사람이 있는데 영업부에서 좀 맡아보면 어떻겠냐'고 미리 듣긴 했지만, 이런 전개는 완전히 예상을 벗어난 일이었다. 하지만, 토모카가 지금까지 영업부에는 없었던 관점과 능력을 갖춘 인재라는 것은 확실했다. 운영 경험이 풍부한 후쿠시마는 어떻게 하면 키무라와 토모카가 시너지를 발휘할 수 있을지를 생각하기 시작했다.

후: 아하하, 미안합니다. 시바사키씨는 컨설팅 회사에서 근무해서 그런지 논리적이면서 관점도 다르네요. 혹시 이과출신?

토: 네, 수학과 출신입니다.

후: 수학! 대단하네요. 그래서 논리적이고 숫자에도 강하군요.

토: 하지만 대학에서 배운 수학은 비즈니스에서는 거의 사용하지 않습니다. 회사에서 사용하는 수학은 대부분 중학교 수준입니다.

키무라는 이 말을 듣고 다시 언짢아졌다. 어디 하나 마음에 드는 것이 없는 이 사람 때문에 짜증이 몰려왔다.

키: 도대체 왜 수학 공부나 하던 괴짜가 패션업계에 온 거죠? 그것

부터가 애초에 문제인 것 같은데?

   속으로만 했어야 할 말이었다. 좀 심했다는 생각이 들긴 했지만 되돌릴 수 없었다. 그는 잔뜩 짜증난 표정으로 토모카를 노려보았다. 하지만, 회의실에 모인 사람 모두가 토모카가 왜 이곳에서 일하게 되었는지는 궁금해하는 눈치였다.

 토: ...

   '사노 사장님이 패션 밖에 모르는 당신을 좀 가르쳐달라고 부탁하셨어요!'라고 말하면 간단히 해결될 일이었다. 그러나 키무라가 스스로 깨닫고 배우기를 바란 사노 사장의 뜻을 망칠 수 없었다. 그래서 토모카는 일단 영업을 배우고 싶어서 들어왔다고 말하는 것이 좋겠다고 생각했다.

   동시에 토모카는 본능적으로 지금 이 질문에 확실하게 답을 해야 한다고 느꼈다. 이 회사에 싸우러 온 것이 아닌 이상, 토모카는 영업부원들을 동료로 만들어야 했다. 잠시 숨을 고른 후, 토모카가 대답했다.

 토: 저와 같은 유형이 이 회사에는 없다고 생각하기 때문입니다.

저는 여러분이 하시는 일을 할 수 없습니다. 하지만 거꾸로 저만 할 수 있는 일도 분명히 있다고 생각합니다.

토모카의 진심이 담긴 대답. 나나는 후쿠시마의 표정이 조금 편해졌다는 것을 눈치챘다. 콘도도 처음으로 토모카의 얼굴을 가만히 응시하며 눈을 마주쳤다. 하지만 한 사람, 토모카의 발언을 듣고도 태도를 바꾸지 않는 한 사람이 있었다. 키무라였다.

키: 이봐요, 우리가 그냥 시키는 일만 한다고 생각해요? 여기는 패션 회사입니다. 센스와 직감이 비즈니스를 좌우하는 곳이라고요. 이과 출신의 유명 디자이너가 있나요? 수학과 출신 유명 패션 영업자는요? 패션은 놀라운 센스와 선견지명으로 하는 거란 말입니다. 부장님, 오늘 이 회의는 이걸로 끝내시죠. 각 매장에는 오늘 중으로 제가 생각해보고 지시하겠습니다.

말을 마친 키무라가 회의실을 나가버렸다.

키무라는 토모카가 오기 전부터 무언가 마음에 들지 않으면 제멋대로 행동할 때가 있었다. 물론 후쿠시마가 주의를 주기도 했지만, 키무라의 개성과 선구안이 BRIGHT STONE에 분명 도움이 되는 부분도 있었기 때문에 어느정도 눈감아 주는 분위기였다.

토모카는 후쿠시마를 향해 부드러운 표정으로 이야기를 시작했다.

토: 부장님, 지금은 괜찮을지 모르겠지만, 앞으로도 계속 실적이 좋을 것이라 생각할 수는 없습니다. 더구나 오늘 같은 주먹구구식 회의로는 언제 어떻게 발생할지 모를 고비를 넘기기 어려울 수 있다고 생각합니다.

'문과 출신이기 때문'이라는 말은 이제 통하지 않는다

정곡을 찔렸다. 사실 아주 몰랐던 것은 아니다. 어느정도 느끼고 있긴 했지만, 바쁘다는 이유로 고민을 미루고 있었던 사실이다. 가만히 듣고 있던 나나와 콘도도 사실 같은 생각이었다.

후: 사장님이 왜 시바사키씨를 이곳으로 모셔왔는지 알겠네요. 부끄럽지만, 타당한 지적입니다.

토: 어떤 회사라도 수학적 사고와 기술은 반드시 가지고 있어야 합니다. 하지만 어렵거나 전문적인 사고와 기술이 필요한 게 아닙

니다. 좀전의 AB 테스트에서도 퍼센트만 사용했을 뿐이니까요.

🧑‍💼 **후:** 정말 그럴지도 모르겠군요. 나도 문과 출신이라는 핑계로 지금까지 피해왔었는지 모르겠군요.

👩‍💼 **토:** 이전 직장에서 처음에는 투자나 새로운 사업으로 크게 성장했지만, 관리자나 직원들이 수학을 사용하는 기술을 몰라 순식간에 몰락한 중소기업을 몇 군데 보기도 했습니다.

🧑‍💼 **후:** …

👩‍💼 **토:** 제가 분명히 말씀드릴 수 있는 것은, 우리도 겪을 수 있는 문제라는 것입니다.

이 말이 오늘 회의의 핵심이었다. 영업부 모두는 이 말에 긴장할 수 밖에 없었다.

4.   '작년 대비'가 의미가 있을까?

'증가했다'는 건 무슨 의미일까?

토모카와 키무라의 자리는 나란히 붙어있다. 하지만 어제 회의
가 끝난 후부터 두 사람은 한 마디도 하지 않고 눈도 마주치지 않
았다. 정확하게는 키무라가 토모카의 존재 자체를 무시하고 있었
다. 그래서 영업부의 다른 이들에게 4월 1일 어제는 아주 불편한
하루였다.

다음 날, 토모카는 영업부에서 가장 먼저 출근했고, 이어 오전
9시 20분 콘도와 나나가 출근했다.

콘: 안녕하세요.

🧑 **나:** 안녕하세요!

🧑 **토:** 안녕하세요.

🧑 **나:** 시바싸키씨, 일찍 오셨네요. 혹시 아침형 인간?

🧑 **토:** 네. 아침에는 가능하면 일찍 일어나려고 해요.

🧑 **나:** 시바사키씨, 제가 어리니 말씀 편하게 하세요!

　　토모카와 거리감을 좀 줄여보고자 나나가 먼저 말을 걸었다. 토모카는 이렇게 갑작스레 다가오는 스타일을 그다지 좋아하지 않지만, 지금은 오히려 이런 배려가 고맙게 느껴졌다. 콘도는 언제나처럼 주변을 전혀 신경 쓰지 않고 본인 자리에 앉아 컴퓨터를 켰다. 그때 키무라가 졸린 얼굴로 사무실에 들어왔다.

🧑 **토:** 안녕하세요.

🧑 **키:** 응? 아아...

🧑 **토:** 팀장님, 어제 매출은 어땠나요?

🧑 **키:** 아, 그럭저럭 괜찮았어요.

🧑 **토:** '그럭저럭'이라고요?

🧑 **키:** 증가했다고요. 안 그래도 가르쳐주려고 했는데, 영업부 폴더에 매일 아침 전날의 각 매장의 매출 보고가 있어요. 그 자료를 확인하면 알 수 있습니다.

🧑 **토:** 알겠습니다. 그래서 '그럭저럭'은 어떤 의미죠?

🧑 **키:** 증가했다고요. 증가.

나나와 콘도는 눈을 마주치지 않은 채 자기 업무에 집중했다.

🧑 **토:** 구체적으로 어떻게 증가했는지 설명해주세요.

🧑 **키:** ... (진짜 이 사람과 일 하는 건 무리다. 말이 안 통해.)

🧑 **토:** 구체적 증가를 숫자로 말씀해 주세요.

🧑 **키:** 그러니까, 데이터를 보면 알 수 있다고 했잖아요!

🧑 **토:** 단순히 데이터를 보라는 말로 끝낼 수 있는 정도라면 중학생
이 와도 이 일은 할 수 있을 겁니다.

🧑 **키:** ... 중학생...

어제 매출 데이터를 보고 있던 콘도가 나지막이 말했다.

🧑 **콘:** 저기... 어제 전체 매장의 매출액은 278만 4,000엔입니다. 예
산 대비 102%, 전일 대비 89%, 전년 대비 130%입니다. 예상
매출은 달성했네요.

🧑 **키:** 거봐, 내가 말했죠? 증가했다고. 이 정도면 됐습니까?

🧑 **토:** 콘도씨, 고맙습니다. 그런데 팀장님께 질문이 있습니다.

키무라는 불안한 생각이 들었다. '또 시작이네'라고 생각하며 노골적으로 기분 나쁜 표정으로 쳐다봤지만, 토모카는 그런 키무라를 전혀 신경 쓰지 않았다.

그 비교에 의미가 있을까?

🧑 **토:** '전일 대비'와 '전년 대비'는 무엇을 위해 사용하는 것일까요?

🧑 **키:** 하... 당연한걸 왜 묻는 거죠? 당연히 그날의 매출을 평가하기 위해서죠.

🧑 **토:** 하지만 비교는 전제가 같을 경우에만 가능합니다.

🧑 **키:** 전제?

🧑 **토:** 일요일, 월요일, 어제와 1년 전 오늘의 상황이 같거나 비슷하지 않다면 대비는 아무 의미가 없다는 말입니다.

🧑 **키:** 저기요, 미안한데 무슨 소리를 하는건지 모르겠네요.

토모카는 키무라의 대답을 신경 쓰지 않고 계속 말을 이어 나 갔다. 사실 키무라는 토모카의 이야기를 다 듣고 아무 대꾸 없이 일을 시작하려고 했다. 그러나 여기서 그는 아주 중요한 것을 배우게 되었다.

◎ 이걸 평가에 사용할 수 있을까?

2012년 2월 5일	2013년 2월 5일	
대설	맑음	전제가 다르기 때문에 전년대비는 참고 정도로
대설	대설	같은 조건이기 때문에 전년대비로 평가 가능

> 두 가지 숫자의 전제가 같은 경우에만 평가를 위해 사용한다.
> 예) 날씨, 요일, 시장 상황 등

토: 예를 들면 작년 2월 5일, 이 지역에 많은 눈이 내렸습니다. 하지만 올해 2월 5일은 날씨가 매우 좋았어요. 그렇다면 2월 5일의 '전년 대비'는 어떤 의미가 있나요?

키: …

토: 제가 말씀드리고 싶은 것은 두 가지입니다. 우선 첫 번째, '전일 대비', '전년 대비'를 데이터로 만드는 것 자체는 나쁘지 않습니다. 하지만 두 번째, 그 데이터를 평가 자료로 쓰려면 전제가 같아야 합니다.

🧑 **콘:** 맞네...

👩 **나:** 아... 진짜 듣고 보니 그럴 수 있겠어요.

두 사람이 중얼거렸다. 키무라와 토모카의 대화로 인해 두 사람은 일을 멈춘 상태였다. 매출과 같이 매일 쌓이는 데이터는 전일, 전년과 쉽게 비교할 수 있다. 그러나 이렇게 비교를 하는 것은 주의를 기울여야 한다.

👨 **토:** 제 가설이긴 하지만, 일요일과 월요일은 애초에 고객층과 고객의 구매 동기가 매우 다를 것이라 생각합니다. 또, 올해와 작년의 시장 상황이나 WIXY라는 브랜드의 인지도도 전혀 다르지 않나요?

🧑 **키:** 그렇다면 비교 자체가 의미 없다는 말인가?

👨 **토:** 숫자는 있는 사실 그대로를 가르쳐 주기 때문에 의미가 있습니다. 하지만 전제가 없는 평가는 의미가 없다는 말입니다.

5. | 숫자로 말하기

숫자는 항상 구체적이다

분했다. 하지만 키무라는 어떤 말로도 반박할 수 없었다. 분명 지금까지 습관적으로 전년 대비, 전일 대비라는 숫자를 사용하여 좋고 나쁨을 평가해왔다. 사실 인지도가 급상승한 브랜드인 WIXY는 전년 대비 좋지 않을 수 없었다. 하지만 키무라는 이를 고려하지 않고 그저 전날보다 매출이 상승했다는 말로 평가를 끝내버린 것이다. 그는 아직 배워야 할 것이 많았다.

토모카는 침묵하고 있던 키무라에게 깜짝 놀랄만한 제안을 했다.

🧑 **토:** 팀장님, 앞으로 당분간은 저와 대화할 때 반드시 숫자를 사용

해 주세요.

🧑 **키:** 뭐라고요?

👩 **토:** 모든 대화에 반드시 숫자를 넣어주세요. 음... 이걸 '숫자 대화'
라고 하시죠.

🧑 **키:** 할 생각 없습니다. 그것보다, 뭔데 상사처럼 이래라 저래라 하
는 거죠?

👩 **토:** 이미 사장님과 부장님께 승낙 받았습니다. 그러니 이것도 업무
입니다.

웃으며 말하는 토모카가 조금 당혹스러웠지만, 위에서 결정한
사항이라는 말에 그 제안을 받아들일 수 밖에 없었다. 이런 시시
한 약속은 얼마 가지도 못해 끝날 것이라고 생각하기로 했다.

키무라는 오모테산도에 있는 매장에 외근을 나가면서 토모카
를 데려가기로 했다. 숫자밖에 모르는 사람이 이론만 가지고 떠
들어대는 것을 참을 수 없어서 화가 나던 참이었는데, 이 사람에
게 현장을 보여주는 것이 좋겠다고 생각했기 때문이다.

🧑 **키:** 지금 오모테산도점을 확인하러 갈 예정이니 따라와요.

👩 **토:** 숫자가 없습니다.

🧑 **키:** 뭐요?

토: 좀 전에 말씀하신 내용에 숫자가 빠졌습니다.

키: ... 아니, 이 말 어디에다 숫자를 넣으라는 거죠? 도착 시간이라도 말할까요?

토: 오모테산도점은 어떤 매장인가요?

키: 응? 그러니까... 지금 가장 매출이 잘 나오는 곳. 내가 지시한 대로 직원들도 잘 움직여주는 매장이죠.

토: 그걸 숫자로 전달해 주세요.

키: 하, 정말 귀찮네. 지난달 매장별 매출 1위, 브랜드 WIXY 매출의 약 20%를 차지하고 있는 곳이죠. 됐어요? 만족해요?

토: 그럼 오늘 방문 목적을 숫자로 말씀해주세요.

키: 흠... 이번달은 목표 매출이 높은데, 그래서 봄 아우터 판매를 늘리기 위한 방안을 지시하러 갑니다.

토: 숫자!

키: 어휴... 음... 봄 아우터 매출을 3월보다 약 1.2배 높이기 위해서 갑니다.

토: 알겠습니다. 같이 가겠습니다.

키무라는 갑자기 피곤이 밀려오는 것을 느꼈지만, 동시에 자신이 무엇 때문에 점포에 가는지를 인식하게 되었다는 것을 깨달았다. '1.2배'라는 수치도 그냥 던진 말이었지만, 현재 상황을 생각해보면 지극히 타당한 목표치라는 것은 분명했다.

숫자를 사용해서 이야기를 하려면 아무리 싫어도 구체적으로 생각해야만 한다. 확실하지 않다면 절대 숫자를 사용할 수 없기 때문이다. 토모카는 이를 이용한 것이다. 이후 오모테산도점에서 사무실로 돌아오는 도중에도 이런 대화가 계속되었다. 시바사키 토모카, 지독한 사람이었다!

키: 배고프다... 밥 먹고 갑시다.

토: 숫자가 없습니다.

키: 그렇게 말하는 본인이 좀 이상하다고 생각하지 않아요?

토: 숫자가 없네요?

키: ...

토: 저도 배가 고프네요. 배가 부른 상태를 100이라 하면 지금은 10 정도의 상태입니다. 가용예산은 800엔 정도, 대기 시간은 가능하면 5분 이내면 좋겠습니다.

키: 당신 머릿속은 어떻게 생겨먹은걸까...

토: 하지만, 제가 지금 어떤 상태인지와 무엇을 요구하고 있는지가 확실하지 않나요? 아마 초등학생이라도 이해할 수 있을 겁니다.

제1장 | 숫자를 사용하여 대화를 할 수 있습니까?

6. | 유능한 비즈니스맨은 숫자로 말한다

그날 밤, 키무라는 시내의 한 선술집에 있었다. 옆에 앉아있는 사람은 나와타 치하루. 무역회사에서 일하고 있다. 일에 대한 열정이 남다른 키무라에게 매력을 느껴 교제하기 시작한 지 2년째. 키무라보다 한 살 연상으로, 종종 키무라의 푸념을 들어주기도 한다. 가끔은 어리광을 부리고 싶다는 생각을 하기도 하지만, 치하루는 장녀에 남동생이 있어서 그런지 지금도 괜찮은 것 같다.

 키: 하, 생각할수록 짜증나네...

치하루: 무슨 일인데 화를 다 내고 그래?

키: 우리 부서에 진짜 특이한 사람이 들어왔어. 귀찮은 사람이야.

치: 오! 신입사원! 어떤 사람인데?

키무라는 푸념을 늘어놓았고, 치하루는 맞장구를 치면서 이야기를 들었다. 키무라처럼 문과 출신인 치하루는 커뮤니케이션 능력이 뛰어나고, 특히 들어주는 것을 잘 하는 타입이다. 어쩌면 그래서 자신의 의견을 내세우기 좋아하는 키무라와 잘 만나고 있는지도 모른다.

치: 우와, 수학 전공한 여자? 신기해!

키: 그래… 똑똑하긴 한 것 같은데 촌스럽고, 말 한 마디 한 마디가 다 비호감이야. 난 학교 다닐 때도 수학을 제일 싫어했다고. 근데 이 사람은 '이런 것도 몰라?' 하는 것 같은 느낌으로 말해. '업무 지시 사항'이라면서.

치: 맞아, 나도 그렇게 생각해. 명문대 이과 출신은 머리는 좋을지 모르겠지만 왠지 붙임성이 없더라.

키: 그 사람이 딱 그래! 패션에 대해서는 아무것도 모르는 주제에 아무 때나 '숫자가 어쩌구, 숫자가 저쩌구'… 하… 징글징글하다 정말.

쌓였던 불만을 한꺼번에 뱉어 낸 키무라는 기분이 조금 안정된 듯 보였다. 맥주를 더 시키고 메뉴판을 보고있던 키무라에게 치하루가 어제 직장에서 있었던 일을 이야기하기 시작했다.

치: 숫자라고 하니 생각나는 게 있는데, 어제 우리 회사에 중국인 손님이 오셨어. 나도 그 회의에 같이 들어갔거든?

키: 응.

치: 우리 말을 조금 할 줄 아는 분이셨지만, 아주 능숙하진 않았어. 그런데 대화 내용에 숫자를 넣어가며 설명을 하니까 어느 정도 이해할 수 있겠더라고.

키: 음...

치: 평소에는 몰랐는데 숫자는 정말 만국 공통어더라. 국적, 장소 불문하고 '1'은 모두 다 '하나'라고 인식하고 있잖아?

키: 그건 그렇지. 그런데 숫자만으로는 대화를 할순 없지.

치: 당연히 그렇지. 그런데 세세한 부분까지 명확하게 알 순 없었지만 중요한 부분은 대략 이해할 수 있었어. 그게 조금 신기하더라고.

키: ...

치: 예를 들면, 어제 그 손님은 거래 조건을 정하기 위해 방문했는데, 제시한 자료에는 이런 내용이 쓰여있었어. 물론 다른 것도

쓰여 있긴 했지만.

2012 **55%** → 2013 **60%**
2012/2011 = **1.34**

🧑 키: 결국, 5% 올려 달라는 거야?

👩 치: 응. 첫 번째 줄만 봐도 무엇을 상담하고 싶었는지 일목요연하게 정리되어 있잖아?

🧑 키: 그 다음 줄 1.34는 뭐야? 혹시 전년대비 134%라는 의미?

👩 치: 맞아! 우리 회사와의 거래액이 증가하고 있으니 조건을 수정하자는 거야.

🧑 키: 역시...

👩 치: 결국 비즈니스는 사람, 물건, 돈이 움직이는 거잖아? 그걸 끝까지 파고 들어가 보면 결국은 대부분 숫자로 표현할 수 있을지도 몰라. 물론 아직은 잘 모르지만...

키무라는 지난번 TV에서 봤던 총리의 연설을 떠올렸다. 총리는 '성장률 2%를 목표로...'와 같은 이야기를 했는데, 상세한 정책 내용은 잘 알지 못했지만, 총리가 무엇을 목표로 하는지는 이해할 수 있었다. 생각을 하다보니 왠지 입맛이 없어졌다. 이내 대화의 주제는 주말 데이트 계획으로 바뀌었다.

　치하루와 역에서 헤어진 키무라는 근처 편의점에 있는 잡지 코너로 향했다. 비즈니스 정보 잡지 <주간 플래티넘>의 표지가 한눈에 들어왔다. 키무라는 그곳에 시선을 멈췄다.

경험이나 감은 이제 통하지 않는다!
유능한 비즈니스맨은 숫자로 말한다.

　그는 곧장 시선을 돌려 2번째 줄에 있는 여성 독자를 위한 패션잡지를 집어 들고 계산대로 향했다.

제2장

빅데이터 시대에
필요한 수학적 감각을
갖고 있습니까?

팀장님, 평균이
무엇인지 알고 계십니까?

1. | 숫자만으로는 알 수 없다

마게팅에 필요한 숫자는?

그날은 평소 정례 회의와는 다른 영업부 마케팅 회의가 예정되어 있었다. 안건은 오모테산도점과 신주쿠점의 분석. WIXY 신주쿠점은 유동인구가 많은 곳이면서 입지조건이 좋아 매장 방문객도 전국 10개 점포 중에서 가장 많았다. 하지만 1년 전 오픈 이후 그다지 매출이 늘지 않는 매장이기도 했다.

후: 자, 회의 시작합시다. 안건은 오모테산도점과 신주쿠점의 분석입니다. 한쪽의 숫자만 보고 분석하면 알 수 있는 것이 없으니, 두 점포를 비교해서 보도록 하겠습니다. 콘도씨, 데이터는?

◎ 콘도가 만든 자료

3월 판매 실적

매장	매출	고객 수	평균 구입 수량	판매된 상품 평균 단가
오모레산도점	￥10,000,000	300명	2.2벌	￥15,000
신주쿠점	￥5,600,000	400명	1.4벌	￥10,000

 콘: 네. 정확한 매출은 따로 나눠드린 자료를 참고해주시고, 지금 설명할 자료는 개산(槪算)[2] 한 수치입니다. 총 고객수는 동일한 고객이 2회 이용한 경우는 2로 잡았습니다.

 키: 두 매장이 지리적으로 가까운데 결과는 전혀 다르단 말이야...

 나: 여전히 신주쿠점이 평균 구입 수량도, 평균 단가도 낮네요.

 키: 이렇게까지 확실하게 수치가 나온 이상, 구체적인 대안을 생각해야겠네요. 나나씨라면 어떻게 하겠어요?

 나: 글쎄요. 신주쿠점만의 세트를 판매하거나, 이벤트를 하거나...

---

2 어림잡은 수로 계산하는 것

1만 5천 엔 이상 구입시 선물 증정! 같은 이벤트요.

키: 음, 뻔하지만 안전한 방법이네요. 여자들은 특히 한정판이나 선물에 약하니까...

'과연 그럴까요?'라고 눈으로 말하는 콘도를 키무라는 알아채지 못했다. 그때, 지금까지 아무 말도 하고 있지 않던 토모카가 키무라에게 질문했다.

토: 팀장님. 질문이 있습니다.

키: (또 시작이군...) 네, 뭐죠?

토: 이 데이터로 알 수 있는 것은 무엇입니까?

키: 응? 신주쿠점의 고객 수가 많지만, 돈을 쓰지 않기 때문에 매출은 오히려 오모테산도점 보다 적다는 것이겠죠.

토: 숫자를 사용해서 설명해주세요.

키: 아... 아직 그거 안 끝난 거군요?

토: 네. 숫자를 사용해서 설명해주세요.

슬슬 화가 나기 시작했지만, 키무라는 토모카의 요청대로 숫자를 사용하여 설명하려 했다. 그녀의 방식에 불만이 있는 것과는 별개로, 숫자를 써서 대화하는 것의 유용함을 조금씩 느끼고 있는 듯했다. 다만, 두 사람이 투닥거리는 시간을 아깝게 생각한 후 쿠시마 부장이 먼저 말을 꺼냈다.

후: 내 생각은 이래요. 이 수치를 통해 추측해 보자면, 신주쿠점에선 주로 1만 엔 정도의 가격대 물건이 팔리고 있는 거 같아요. 오모테산도점에 비해서 고가의 제품, 혹은 여러가지 제품을 동시에 구입하는 고객이 적은 거죠. 결국 고객의 브랜드 충성도가 적다고 말할 수 있겠죠? 반대로 오모테산도점은 고객의 수는 적지만 팔리는 상품의 단가가 높거나 수량이 많고, 고객의 구매력이 높아요. 결국 현재의 과제는 신주쿠점의 고객 충성도를 높여 구매력을 끌어올리는 거죠. 아, 숫자를 사용하지 않았네? 하하하!

키: 네. 저도 부장님 생각과 같아요. 한마디로 말하면 신주쿠점은 아직 '팬'이 많지 않다는 거죠. 좀 더 WIXY의 매력을 고객들에게 어필해야 한다고 봅니다.

콘: 아직 오픈한지 1년 밖에 안돼서 그런가 봐요.

나: 그럼 역시 1만 5천 엔 이상 구매 시 선물 증정 이벤트는 어때요?

키: 이벤트 좋아요! 이벤트 계획을 논의해 볼까요?

토: 아뇨, 틀렸습니다.

수학을 잘해도 헷갈리기 쉬운 숫자

순간 회의실에 정적이 흘렀다. 모두 토모카에게 시선을 옮겼다. 키무라는 이 수학왕은 왜 사사건건 시비를 걸지 않고는 못 넘어가는지 궁금했다. 키무라는 업무에는 분위기도 중요하다고 생각했다. 아무리 계획을 잘 짜도 모든 일을 사전에 조율해 볼 수 없으니, 좋다는 판단이 서면 우선 시도해보는 것이 맞다고 생각하는 편이었다. 영업부 전체가 시행착오를 겪으며 조금씩 바뀌가는 것에 익숙했다. 실제로 후쿠시마 부장도 자신의 감을 따라 일을 지시하기도 했다.

키: 뭐가 틀렸다는 거죠?

토: 전부 다 틀렸습니다.

키: 전부? 자세히 설명해 보시죠.

토: 길어질 수 있는데 괜찮으시겠어요?

눈치 빠른 토모카는 자신의 예의 차린 말투가 오히려 키무라를 화나게 한다는 것을 알고 있었다. 하지만 전혀 개의치 않았다.

토모카가 하려는 이야기는 '이런 간단한 숫자도 읽을 줄 몰라요?', '평균도 해석할 줄 모르는군요?'라는 말을 들었던 자신의 경험에서 나온 이야기였다. 수학 전공자의 자부심과 자신감이 있던 토모카에게는 매우 충격적인 경험이었기 때문이다. 과거의 흑역사를 떠올리며 토모카는 이야기를 시작했다.

토: 이 데이터로 무엇을 알 수 있습니까?

키: 신주쿠점의 총 고객 수는 오모테산도점의 약 130%, 평균 판매는... 음... 반대로 70% 수준. 그렇기 때문에 오모테산도점에 가까운 매출에 도달하기 위해서 제품 단가나 판매 수량을 증가시키는 대책이 필요함. 이상!

토: 오... 숫자를 사용해서 말씀해 주셨네요.

키: 자, 그럼 나도 질문 하나 합시다. 상당히 의기양양해 보이는데, 토모카씨의 대답은 뭐죠? 이 데이터로 뭘 알 수 있다는 거죠?

이 질문을 기다렸다는 듯 토모카는 웃는 얼굴로 대답했다.

토: 이것만으로는 아무것도 알 수 없습니다.

2.

숫자는 잘못이 없다. 문제는 당신의 착각!

평균의 진짜 의미는?

아무도 예상하지 못했던 대답이었다. 회의실에 있는 모두가 멍한 얼굴로 토모카를 쳐다봤다. '그게 웃으면서 할 말이야?!' 키무라는 이렇게 생각하면서도, 한편으로는 왠지 모르게 계속 듣고 싶은 생각도 있었다. 나머지 세 명도 같은 생각이었다.

🧑 **키:** 그게 무슨 말이죠?

👩 **토:** 팀장님, 평균이 무엇인지 알고 계신가요?

🧑 **키:** 내 질문은 그게 아니잖아요. 지금 나 무시해요? 나도 그정도는 배웠다고!

토: 그럼 아시겠네요. 평균이 뭔가요?

키: 그건 당연히 여러 데이터 중에서 한가운데에 위치하는 수치를 수학적으로 계산한 거잖아요. 평균 신장, 평균 결혼 연령같은 거죠.

토: …

키: 그러니까, 오모테산도점은 1만 5천 엔 전후의 상품, 신주쿠점은 1만 엔 전후의 상품이 잘 팔린다는 거죠.

토: 그게 틀렸습니다.

키: 뭐라고?

그때, 무엇이 문제인지를 발견한 사람이 있었다. 후쿠시마 부장이었다. 그는 자신이 너무 섣불리 이야기 했다는 것을 알았다. 그가 놓친 것은 정말 간단한 것이었다. 후쿠시마는 일어서서 천천히 화이트보드로 걸어갔다.

후: OK. 시바사키씨, 나도 깜빡하고 놓쳐버렸네요. 부끄럽네.

콘: 네. 저도 놓친 게 있네요.

나: 너무 당연한 걸 놓쳤네요.

키: 뭐 뭐 뭐, 뭐야. 여러분!? 이 사람이 무슨 말 하는지 알고 있는 건가요?

후: 하하, 내가 설명할게요. 간단해요.

후쿠시마는 의외로 깔끔하게 3개의 그림을 그렸다.

◎ **5점 만점 시험 결과**

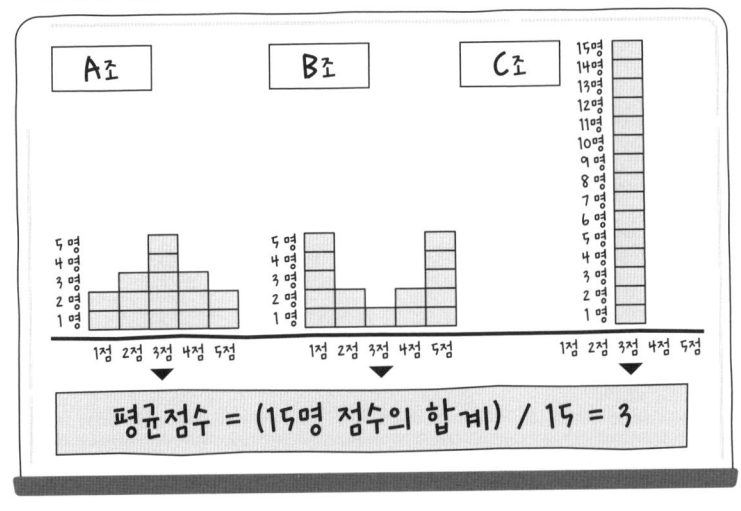

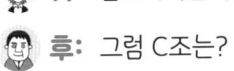 **후:** 이걸 5점 만점의 시험을 15명이 본 결과값이라 합시다. 키무라

씨, A조의 평균은 얼마죠?

키: 음… (계산기를 열심히 두드림) 3점이네요.

후: 그럼 B조의 평균은?

키: 음… (계산기를 열심히 두드림) 이것도 3점이네요?

후: 그럼 C조는?

키: 3점...

후: 그러니까, 우리들은 우리가 가진 데이터도 무의식적으로 당연히 A조같은 분포일 거라고 생각한겁니다.

키: ...

후: 평균 매출이 1만 엔이라는 것을 보고, 신주쿠점의 고객이 1만 엔 전후를 지출한다고 생각했고, 오모테산도점도 마찬가지로 1만 5천 엔 전후일거라 생각했어요. 하지만 실제로 그렇진 않았겠죠. 문제는, 우리가 이 자료를 보고 단순히 신주쿠점의 고객 1인당 평균 매출을 올리자고 결정했다는 겁니다. 맞죠, 시바사키씨?

토: 네. 그렇습니다.

키: 아... 나는 도대체 이해가 안 되네?! 그럼 아까 내가 말한 '평균 신장' 등의 평균은 뭔가요? 조사해 보면 반드시 평균 신장을 가진 사람이 가장 많게 나오잖아요?

토: 네. 맞습니다.

키: 그럼 같은 평균이니까 이 건도 A조의 그래프처럼 생각하면 되는 것 아닌가요?

토: 그게 틀렸습니다.

키: 도대체 이유를 모르겠네!!

키무라는 정말 수학 문외한이었다. 하지만 키무라처럼 평균값을 계산할 수 있다는 것을 평균의 개념을 이해하고 있는 것이라고 착각하는 경우는 비일비재하다. 개념을 실제 비즈니스에서 제대로 해석하지 못하고 있는 것이다. 아마 평균이 아니라 실제 데이터를 봤다면 키무라가 더 빨리 이해할 수 있었을 것이다.

평균값만으로 분석하는 것은 의미 없다

토: 상품 단가와 구입 수량을 따지는 것은 사실 도움이 되지 않습니다. 지금 나눠드린 자료는 조금 전 콘도씨가 주신 자료의 원본 데이터를 바탕으로 만든 자료입니다. 그래프를 봐주세요. 이 자료는 1회 구입 금액이라는 지표를 기준으로 정리한 것입니다. 1회 구입 금액을 기준으로 하면 매출 총액은 고객 수와 평균 구입 금액을 곱하여 간단하게 나타낼 수 있습니다. 사내에서 분석용으로 대략적인 경향을 알 수 있는 정보로는 충분합니다. 끝자리는 절삭하였습니다.

◎ 구입 금액과 고객 수와의 관계

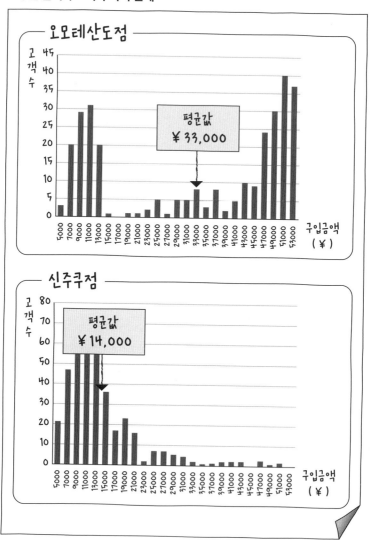

제2장 | 빅데이터 시대에 필요한 수학적 감각을 갖고 있습니까?

매상 총액 = 모든 고객의 구입 금액의 합계 = 고객 수 × 평균구입금액

나: 시바사키씨, 언제 이런 자료를 다 확인하셨어요?

토: 콘도씨가 원본이 있다는 것을 알려주셨어요.

콘: 죄송해요. 원래 제가 했어야 하는데...

콘도의 말에 살짝 감동하긴 했지만, 사실 이 정도의 숫자를 매장 직원, 심지어 본사 영업부가 파악하지 못했다는 것이 더 놀라웠다. 패기와 추진력만으로도 사업이 성장하고 있으니 이런 것을 소홀하게 생각할 수 있다. 그러나 뼈아픈 경험이 있는 토모카가 보기에는 충격적이었다.

토: 평균 상품 단가, 구입 수량, 구입 금액만으론 사실 아무것도 알 수 없습니다. 분석을 하려면 최소한 이 정도까지 파악하여 수치를 읽어내야 합니다. 그게 '분석'입니다.

키무라는 이제서야 겨우 토모카가 말한 것을 이해했다. 평균값만으로 판단하는 것은 매우 위험하다는 것을.

3. 편차를 보고 분석하기

표준편차를 찾자

토모카는 이야기를 계속 이어 나갔다. 비즈니스맨에게 필요한 숫자 감각에 관한 이야기는 아주 중요한 부분이기에, 말에 약간 힘이 실려 있었다.

토: 물론 평균값도 의미 있는 수치일 수 있습니다. 하지만 그것만으로 무언가를 판단하는 것은 매우 위험합니다.

키: 질문. 그렇다면 처음부터 평균을 산출하는 의미가 없는 거 아닌가요? 게다가 매번 이렇게 공들여서 그래프를 만들지 않으면 분석을 할 수 없다는 건데, 매우 귀찮은 일이고. 물론 내가

하진 않겠지만.

토: 팀장님은 정말로 배배 꼬여 있네요.

키: ?!

토: 하지만 매우 좋은 질문입니다.

　확실히 데이터가 어느 정도 쌓이면 하나하나 수작업으로 분석하는 것이 어렵다. 그래프로 만들면 일목요연하게 확인할 수 있긴 하지만, 지금 당장, 그리고 간단하게 분석을 할 수 있는 방법이 있다면 더 좋을 것이다.

토: 표준편차를 사용하겠습니다.

키: 효순... 연차?

토: 표! 준! 편! 차! 입니다.

　나나가 크게 웃었다. 표준편차는 전문적인 수학 용어다. 토모카는 표준편차가 무엇인지 설명하기 시작했다.

토: 표준편차는 평균을 기준으로 전체 데이터 안에 어느 정도의 '편차'가 있는가를 나타내는 지표입니다. 전문 용어를 사용하면 괜히 어렵게 느껴질 수도 있으니 다르게 표현해 볼까요?

3. 편차를 보고 분석하기

'흩어진 정도'라고 설명하면 적절하려나요...?

🙎 **나:** 시바사키씨, 진짜 선생님 같아요!

👨 **후:** 학교 다닐 때 수업에서 들었던 기억은 있네요. 그때는 귀에 쏙쏙 들어오지 않았지만... 그러니 이번 기회에 시바사키 선생님! 잘 부탁합니다.

👨 **토:** 조금 전 부장님이 그리신 3개의 데이터가 보기에 쉬우니 이것을 그대로 사용하겠습니다. A, B, C조의 테스트 결과 그림 (77쪽)입니다.

평균과의 차이 수치화

토모카는 보드마카를 들고 화이트보드 앞에 섰다. 마치 선생님 같았다.

👨 **토:** 보시는 이 3개의 그림은 15명의 데이터로, 평균 3점입니다. 여기서 실제 점수가 평균 점수에서 얼마나 벗어나있는지를 수치화 하려면 어떻게 하는 것이 좋을까요?

👨 **후:** 각 데이터가 평균 점수인 3점보다 몇 점 많은지, 또는 적은지

를 계산해 본다?

토: 네, 맞습니다. 한번 해 볼까요?

토모카는 물 흐르듯 A조 그림에 숫자를 써넣기 시작했다. 그 방법은 다음과 같다. 우선 1점은 평균점수 보다 2점이 부족한 점수이므로 -2, 2점은 평균점에서 1점 적으므로 -1, 나머지도 똑같이 해보면 아래 그림과 같은 수치로 나타낼 수 있다.

◎ **편차의 수치화**

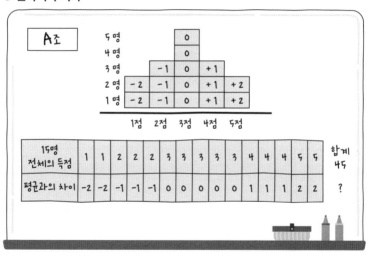

토: 자, 어떻게 하면 평균을 기준으로 했을 때, 그 데이터의 편차를 수치화할 수 있을까요?

나: 혹시 그 '평균과의 차이'를 전부 더하면 될까요? 그렇게 한다면 원본 데이터의 편차를 하나의 숫자로 표현할 수 있을지도...

토: 시마다씨, 그럼 한번 해 보시겠어요?

나: 이걸 전부 더하면... 어? 'O'이 나오네요!

토: 맞아요. 사실은 어떻게 분포되어 있어도 전부 더하면 0이 됩니다. 왜 그럴까요?

콘: 여기 15개의 데이터를 전부 더하는 것은, 평균값을 15번 더하고(3×15=45), 여기에서 15명 전원의 득점 합계(45)를 빼는 것과 같기 때문입니다.

4.　함수를 사용하면 됩니다

+1과 −1의 차이는?

    콘도의 설명은 완벽했고, 키무라를 포함한 전원이 여기까지는 모두 이해했다. 키무라가 질문을 했다. 본인은 몰랐겠지만, 그 질문은 키무라가 편차의 의미를 이해하기 시작했다는 것을 보여주는 것이었다.

🧑 **키:** 그래. 그렇다면 잠깐만, 그렇다는 것은 어떤 경우라도 이렇게 더한 결과가 0이라면, 시바사키씨가 말한 '흩어진 정도'는 항상 0이라는 건데... 이런 걸 하는 의미가 있어요?

👩 **나:** 그러게요! 수가 없으면 데이터 분포를 수치로 나타낼 수 없

네요!

키: 역시 공부만 하는 사람들의 특징인가? 이런건 이론적으로는 훌륭하지만 실제 비즈니스 현장에서는 거의 사용할 수 없다고요!

왠지 키무라는 기분이 매우 좋았다. 하지만 문제는 지금부터였다.

토: 팀장님, +1과 -1의 차이가 무엇이라고 생각하십니까?

키: 뭐, 플러스와 마이너스라는 차이겠죠.

토: 그렇습니다. 그건 뒤집어서 생각해 보면 0에서부터의 차이는 어느 쪽이나 모두 1이라는 것입니다.

후: 맞아! 생각났다!

키: 어휴 부장님, 목소리 너무 커서 놀랐잖아요!

후: 아니, 수학 수업에서 분명히 들었던 기억이 났는데, 결국 +1도 -1도 같은 의미가 되도록 조작하면 되는 거죠?

토: 어떻게요?

후: 2제곱 후 전부 더한 다음 마지막에 그 데이터의 개수로 나누기!

토: 정답입니다!

토모카는 다시 화이트보드에 숫자를 쓰기 시작했고, 사람들은 집중하며 어느샌가 토모카의 수업에 빠져들고 있었다. 숫자를 다

쓴 토모카는 모두와 시선을 맞춘 후 천천히 설명하기 시작했다.

◎ 평균과의 차이를 제곱하여 편차를 수치화

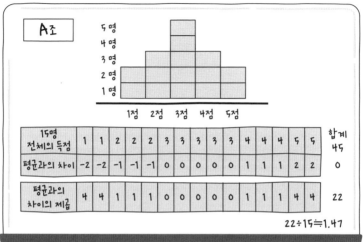

15명 전체의 득점	1	1	2	2	2	3	3	3	3	3	4	4	4	5	5	합계 45
평균과의 차이	-2	-2	-1	-1	-1	0	0	0	0	0	1	1	1	2	2	0
평균과의 차이의 제곱	4	4	1	1	1	0	0	0	0	0	1	1	1	4	4	22

22÷15≒1.47

 토: 이렇게 플러스 마이너스의 차이를 없애기 위해 2제곱을 한 15개
의 숫자, 이것도 각 데이터 평균값에서 얼마큼 벗어나 있는지를 수
치화한 것입니다. 이를 더한 후에 데이터 개수로 나누면 데이터
전체의 편차를 수치화 할 수 있습니다. 이 데이터에서 편차는 약
1.47이 됩니다. 데이터 수로 나눠주는 이유는 편차의 대소를 균일
하게 나타내기 위해서 입니다. 콘도씨, 노트북을 사용하여 B와 C
에 대해서도 같은 방법으로 계산해 주세요.

 콘: 알겠습니다.

모두의 시선이 콘도의 노트북에 고정되었다.

◎ 평균 점수가 같은 3개의 데이터 간 편차

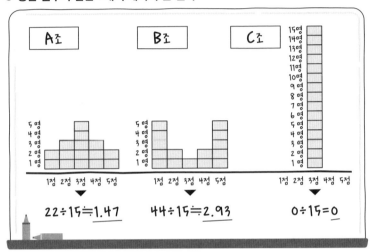

토: 보시는 바와 같이 A의 종 모양 그림이 B의 그림보다 수치가 낮습니다. 이를 통해 A는 평균값을 기준으로 편차가 적다고 볼 수 있습니다. 한편 B는 편차가 큰 것이죠. 이렇게 그래프를 만들지 않아도 이 숫자로 대략적인 편차를 파악할 수 있다는 것입니다.

키: ... 대충 이해가 되네요. 하지만 왜 C조의 경우 0이 되는 거죠?

후: 편차가 없으니까요. 전원 3점, 평균도 3점이었다면, 3-3=0을 15개 만들 수 있잖아요?

키: 아... 그렇군요...

토: 수학에서는 이 수치를 루트로 계산합니다. 이렇게 나온 값을 표준편차라고 합니다. '흩어진 정도 값'이라고 할 수 있겠네요.

콘: 왜 루트 계산을 하죠?

토: 편차를 수치화하기 위해서, 즉 +1과 −1을 같은 의미로 하기 위해서, 본래의 데이터를 2제곱했기 때문입니다. 그러니 본래의 데이터와 단위를 맞추려면 루트를 씌워 원래대로 돌려야합니다. 조금 전 A조의 경우 (루트 1.47≒1.2)라는 수치가 정확한 '흩어진 정도'가 됩니다.

키: 루트... 중학교 때 그 부분부터 포기했었는데... 어쨌든, 이론적으로는 알겠어요. 근데 이런 계산을 매번 계산기로 만드는 건 힘들잖아요. 이 말은 결국 비즈니스 현장에서 사용할 수 없다는 말이고요. 이런 걸 전문적으로 분석하는 프로그램은 없어요?

표준편차는 엑셀로 계산

말투는 좀 별로지만, 키무라의 지적은 타당했다. 이론적으로 유용한 데이터를 얻을 수 있다 해도 얻기까지의 과정이 복잡하다면, 항상 바쁜 비즈니스맨 입장에선 실제로 사용하기가 어렵다.
토모카 외 모든 사람들도 같은 의문을 가지고 있었다.

토: 함수가 있으니 괜찮습니다.

키: 미적분 같은 걸 말하는건가? 미안하지만 그건 좀 싫은데.

토: 아뇨, 엑셀에 있는 함수 기능을 말하는 겁니다. 누구라도 간단
히 사용할 수 있어요.

키: 아... 그래요?

토: 말이 나왔으니 한번 해볼까요?

◎ 엑셀에서 표준편차를 구하는 방법

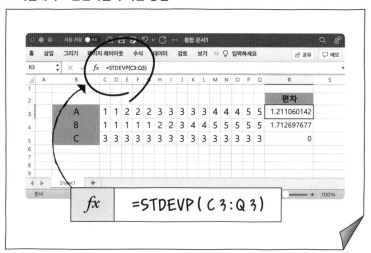

제2장 | 빅데이터 시대에 필요한 수학적 감각을 갖고 있습니까?

토모카는 콘도의 노트북에서 엑셀을 실행했다. 사용한 함수는 'STDEVP'로, 엑셀 내의 데이터를 지정하면 편차를 한번에 산출할 수 있다.

🧑 키: 와, 진짜 간단하네요. 약 1.2라는 숫자가 나왔어요.

🧑 토: 네. 이렇게 원본 데이터가 있다면 엑셀 함수로 표준편차, 즉 '흩어진 정도'를 산출할 수 있습니다. 오모테산도점과 신주쿠 점의 데이터에 이 함수를 적용해 보면 어떤 결과가 나올까요?

🧑 키: 오모테산도점이 신주쿠점보다 '흩어진 정도'가 크게 나오네요.

🧑 토: 그렇습니다. 이 수치를 기반으로 신주쿠점보다 오모테산도점이 평균 구입가 편차가 크고, 오모테산도점의 고객의 평균 구입가는 평균값인 3만 3,000엔 전후라고 해석 할 수...

🧑 키: 의심할 여지없이 바로 알 수 있다는 거죠?

🧑 토: 네, 모든 데이터를 세세하게 보지 않아도 됩니다.

5. 뒤집어 보면 새롭게 보인다

편차 수로 볼 수 있는 것

🧑 키: 하... 오늘 참 피곤하네.

🧑 토: 그럼 다시 본론으로 돌아가겠습니다.

🧑 키: ?

모두 조금 놀랐지만 곧바로 '아, 그렇지...' 라고 생각했다. 그렇다. 이 회의의 주제는 '흩어진 정도'를 배우는 것이 아니었다. 오모테산도점과 신주쿠점의 마케팅 분석이 목적이었다.

🧑 토: 제가 엑셀로 계산해보니, 오모테산도점은 신주쿠점에 비해 구

입 금액에 상당한 편차가 보입니다. 한편 신주쿠점은 편차가 적어요, 즉 평균값 14,000엔에 가까운 구입 단가 고객이 비교적 많아요. 팀장님, 이 데이터로 무엇을 추측할 수 있을까요?

키: 추측? 역시 오모테산도점이 좋은 고객이 많다는 거겠지.

토: 0점! 다시 처음 논의로 돌아가겠습니다.

키: 0점 이라니... 왜 멋대로 나한테 점수를 매기는겁니까?

토: ...

키: 아니 그러니까, 고액 쇼핑을 하는 고객이 많다는 건 사실이잖아요?

토: 그렇습니다.

키: ... 이거면 된거 아닌가?

토: 한번 뒤집어서 생각해 보세요.

키: 뭘 뒤집으라는 겁니까?

토: 한번 생각해 보세요. 지금 대답을 반대로요.

그 순간, 조용히 두 사람의 대화를 듣고 있던 후쿠시마가 손을 들었다. 후쿠시마는 토모카의 강의에 푹 빠져 있었다.

후: 시바사키씨, 키무라가 말한 대로 고액 쇼핑을 하는 고객은 오모테산도점 쪽이 압도적으로 많아요. 하지만 이걸 거꾸로 생

각해 보면 만약 이 고객들을 잃는 경우, 매출에 큰 타격이 있을 수 있다는 예상이 가능하겠네요. 아, 숫자로 말 못했네...

토: 말씀하신 그대로입니다. 오모테산도점의 상위 고객은 분명히 패션 센스가 좋고, 소비가 큰 고객입니다. 하지만 그 고객들만 보는 것은 위험하죠. 게다가 그 일대는 다양한 브랜드의 매장이 많이 있고, 매장 자체도 자주 바뀝니다. 그렇지 않나요, 팀장님?

키: ... 뭐 그렇긴 하쇼.

토: 그렇다면, 결국 오모테산도점의 상위 고객은 얼마든지 다른 브랜드를 선택할 수 있는 사람들이라 볼 수 있지 않겠습니까?

키: ...!

숨겨진 의미를 파악하여 가설을 세운다

콘도와 나나도 서서히 토모카가 무엇을 말하고 싶은지를 이해할 수 있었다. 구입 금액이 높은 고객이 좋은 고객이라고 막연하게 생각하던 두 사람에게는 매우 신선한 관점이었다.

◎ 숫자를 파악하여 깊은 의미를 찾아내자

		'흩어진 정도'(편차)	
		小	大
평균 구입 금액	小	신주쿠점 (소액 구매고객 다수)	
	大		오모레산도점 (고액 구매고객 다수)

⬇

		'흩어진 정도'(편차)	
		小	大
평균 구입 금액	小	신주쿠점(고객 변화에 큰 영향이 없음)	
	大		오모레산도점(고액 구매고객이 이탈하는 경우 매출 영향이 큼)

관점을 바꿔보면

🗣 **토:** 한편 신주쿠점은 고객 분포가 평균 구입단가에 가깝게 모여 있습니다. 이것은 고객들의 패션 센스나 구매할 수 있는 가격대가 비슷하다는 것입니다.

🗣 **후:** 신주쿠점은 구매력이 높은 고객에 대한 의존도가 낮다는 말이군요.

🗣 **토:** 네. 그리고 신주쿠점과 같이 고객 층이 유사한 경우, 제안하는 아이템이나 평균 가격대 등을 설정하기가 쉽고, 마케팅 방안을 짜기도 좋습니다.

🗣 **후:** 그 말은 곧 고객을 잃게 될 위험이 적다는 거네요.

🗣 **토:** 그렇습니다. '흩어진 정도'와 제가 만든 그래프 두 개를 함께

보면, 오모테산도점은 고객 층을 조금 더 심도 있게 분석하여 신규 고객을 좀 더 모을 필요가 있어 보입니다. 이를 업무 우선순위로 할 것을 건의합니다. 이상입니다.

회의실에 정적이 흘렀다. 두 매장은 현재 2배 이상 매출 차이가 나고 있지만, 추후 리스크 발생 가능성은 오모테산도점 쪽이 훨씬 크다는 것을 확인했기 때문이다. 지금까지 어느 누구도 이 점에 대해서 생각해 보지 않았다. 콘도와 나나는 슬쩍 키무라의 표정을 확인했고, 키무라는 이어서 후쿠시마를 쳐다보았다. 하지만 반대로 후쿠시마는 어떻게 해야하는지 묻는 얼굴로 키무라를 보고 있었다. '아니, 부장님! 부장님께서 어떻게 좀 하셔야죠!' 키무라는 속으로 외쳤다.

키: ... 뭐, 이걸로 된 거 아닌가요?

토: 네. 그럼 구체적인 대안을 지금부터 짜볼까요?

키: 잠깐만! 잠깐 쉬었다 합시다. 커피 좀 마시고 싶네요.

6. | 빅데이터 시대의 수학적 감각

빅데이터의 의미

휴식시간. 콘도와 나나는 일단 사무실로 돌아갔고, 회의실에는 토모카와 후쿠시마 두 사람만 남아있었다. 토모카의 입사 후, 후쿠시마가 지금까지 겪은 것들은 전부 낯선 일이었다. 후쿠시마는 회사 경력이 꽤 되는 편이었지만, 지금까지 이 정도로 인상적인 직원은 처음이었다. 하지만 토모카를 통해 자신이 해보지 못한 경험, 그리고 결단력 등을 배울 수 있으리라 생각했고, 이왕 이렇게 되었으니 토모카와 잘 지내보기로 결심했다.

후: 시바사키씨, 키무라를 어떻게 생각해요?

🧑 **토:** ‘어떻게’는 무슨 의미인가요?

🧑 **후:** 조금 투덜거리긴 하지만, 28세의 젊은 비즈니스맨이라는 관점에서 보면 어떻습니까? 객관적으로요.

🧑 **토:** 이대로라면 30세 넘어서 분명 고생 좀 할 것 같습니다.

🧑 **후:** 허허, 왜죠?

올해 딱 40세가 된 후쿠시마는 이 의외의 대답에 흥미를 느꼈다.

🧑 **토:** 젊을 때는 괜찮겠죠. 일은 항상 많고, 어떤 것이라도 도전해 볼 수 있고, ‘실패는 성공의 어머니’라고 생각하며 넘길 수 있을겁니다. 하지만 30세 이후부터는 사람도 관리해야하고, 회사 운영에도 직접적으로 관여해야 하고, 중요한 의사결정을 해야 하는 입장이 되겠죠.

🧑 **후:** ...

🧑 **토:** 그런데 그런 상황에서도 지금처럼 분위기나 직감만으로 일을 한다면 함께 일하는 사람들이 견딜 수 없을겁니다.

🧑 **후:** 맞아요. 저도 그렇게 생각해요. 나도 반성해야겠네요. 사실 내가 입버릇처럼 ‘최후 결정은 자신의 직감을 믿어라!’라고 말했으니까요. 허허...

제2장 | 빅데이터 시대에 필요한 수학적 감각을 갖고 있습니까?

토모카는 후쿠시마의 메마른 웃음소리에 대꾸하지 않았다. 대신 화제를 돌렸다.

토: 부장님, '빅데이터'라는 말을 들어보셨죠?

후: 아아, 최근 자주 언급되던데. 비즈니스 관련 잡지나 세미나에서 자주 다루더군요. 간단히 말하면, 방대한 양의 데이터?

토: 네. 방대한 양의 데이터를 분석하여 비즈니스의 특정 추이, 질병 예방, 범죄 대책 등을 예측하는 것에 이점이 있다고 합니다.

확실히 요즘 빅데이터라는 단어가 많이 사용되고 있다. IT의 비약적인 발전에 힘입어 통계 분석툴과 분석가가 주목받고 있다. 이런 시대적 흐름에 맞춰, 후쿠시마도 앞으로 회사 내에 이런 조직을 만들기 위한 투자가 필요하다고 막연하게 생각하고 있었다. 하지만 토모카의 이야기는 후쿠시마의 생각을 완전히 뒤집어놓았다.

데이터를 사용하는 것은 결국 인간

토: 제 이야기를 좀 해도 될까요?

🙂 **후:** 오, 좋지요.

😮 **토:** '앞으로는 빅데이터 시대가 올 것이다, 조금 비싸지만 대량의 데이터를 분석할 수 있는 프로그램을 도입하면 마케팅과 영업에 도움이 될 것이다, 앞으로 정보를 다룰 수 있는 사람이 승리하는 시대이다'라고 말하는 중소기업 사장이 있었습니다.

🙂 **후:** 음... 나도 그렇게 생각해요.

😮 **토:** 하지만 이 사장은 아까 저희가 얘기한 '평균'이나 '편차' 같은 개념을 전혀 모르는 사람이었어요.

🙂 **후:** ...

후쿠시마는 토모카가 하려는 말의 의미를 알아챘다. 분석 프로그램을 마치 사람이 발견할 수 없는 사실을 찾아주는 마법의 도구처럼 생각하는 사람이 의외로 많다. 프로그램이 모든 것을 해주리라는 기대가 그런 인식을 만드는 경우가 대부분이기 때문이다.

😮 **토:** 이치로 선수[3]가 사용하는 야구 방망이와 똑같은 것을 초보자에게 쥐여 준다고 모두가 홈런을 칠 수 있는 게 아닙니다.

🙂 **후:** 하하하. 재미있는 얘기네요. 맞아요. 당연히 그렇겠죠.

---

3   일본의 유명 야구선수. (편집자 주)

토: 아무리 도구가 훌륭하다 한들, 저절로 마법같은 일이 일어나지 않습니다. 아무리 좋은 통계 해석 프로그램을 쓴다 해도 그 프로그램이 관련된 일을 대신해 주지는 않거든요.

후: 맞네요...

토: 일을 하는 것은 결국 인간입니다. 그러니 프로그램이 내놓은 데이터를 정확하게 읽고 다룰 수 있는 능력, 때에 따라 데이터를 가공할 수 있는 능력을 갖춰야 합니다.

후: 빅데이터 시대가 오니까 말이죠.

토: 네. 그렇습니다.

키무라는 회의실 문 앞에서 두 사람의 이야기를 듣고 있었다. 숨어서 들을 생각이 있었던 것은 아니다. 안에서 나누는 이야기 때문에 어쩐지 회의실에 들어갈 수 없었다. 키무라는 빅데이터 이야기에는 관심이 없었다. 이미 토모카의 말에 기분이 언짢아진 상태라 굳이 토모카와 잘 지낼 생각도 없었다. 하지만, 이치로 선수가 사용하는 야구 방망이 이야기는 키무라의 뇌리에 깊이 박혔다.

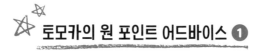

토모카의 원 포인트 어드바이스 ❶

편차(표준편차)는 대략의 기준을 이해하기 위해 사용하는 것이 좋습니다. (개념을 전문적으로 사용하여 수학적으로 풀어내면 매우 매력적인 수치이지만, 이 책에서는 여기까지만 다루도록 하겠습니다.)

엑셀로 편차 수를 계산하여 나오는 값만 가지고 예측 값을 산출하거나, 앞서 언급한 신주쿠점이나 오모테산도점과 같은 매장 특징 분석을 하는 것은 어렵습니다. 편차는 두 매장의 사례처럼 비교 대상이 있고, 이 대상을 비교하기 위한 대략적인 기준이라는 전제로 사용하는 것이 적절합니다.

회사의 운명이 걸린 프로젝트나 아주 면밀한 분석이 필요한 일이 아니라면, 편차를 기반으로 대략적인 분석을 뚝딱 진행하여 업무를 신속하게 진행할 수 있도록 하는 것이 중요합니다. 분석은 목적이 아니라, 일을 하기 위한 수단이라는 것을 꼭 기억해 주세요.

제3장

의사 결정에 숫자를
사용하는 진짜 이유를
아십니까?

팀장님, 주변 동료들을
가르쳐 본 적 있습니까?

예측과 예상은 다르다

판매전략을 정하는 것은 감성?

작년 크리스마스 이브 저녁, 사노 사장은 토모카에게 '패션 업계는 도박성이 짙은 비즈니스'라고 말했다. 실제로 패션 사업은 주말 날씨에 따라 매출 변동이 뚜렷하고, 매장 직원의 옷맵시나 매장이 주는 느낌 등에 의해 의외의 물건이 품절되는 경우도 빈번하기 때문이다.

사: 그렇기 때문에, 숫자와 논리를 무기로 사용할 수 있는지 여부가 이 사업의 존폐를 결정합니다!

토모카는 웃으며 말하던 그때의 사노를 떠올리며 회의실로 향했다. 오늘은 3개월에 한 번 있는 전체 영업회의. 본사 영업 부문은 물론 전국 10개 지점의 점장이 모두 모여서 1년 후의 컬렉션과 판매전략을 의논하는 중요한 회의이다. WIXY는 여성 브랜드로, 점장도 모두 여성이다. 점장들이 모델같은 차림으로 회의실에 앉아 서로의 패션 센스를 칭찬하는 상황. 검은 정장에 하얀 블라우스, 검은 구두의 '토모카 스타일'은 이곳의 분위기와는 전혀 맞지 않는 이질감을 뿜내고 있었다.

후: 자, 그럼 시작하겠습니다. 매번 말씀드리지만, 모두가 모이는 이 회의는 아주 중요한 자리입니다. 각 매장 이야기가 아닌, 브랜드 전체의 큰 방향성과 전략을 결정하는 시간이 되도록 해주시기 바랍니다. 아! 여러분께 소개하겠습니다.

10명의 점장들은 자리에서 일어나 인사를 하는 토모카를 위아래로 훑어봤다. 마치 키무라가 토모카를 처음 만났을 때 했던, 품평하는 듯한 시선이었다. 토모카는 한마디 하고 싶었지만, 꾹 참고 이해하며 점잖게 있기로 했다.

키: 그럼 시작하겠습니다. 오늘 안건은 다음 S/S⁴ 컬렉션의 주력 아이템인 도트무늬 블라우스 판매 방안입니다. 앞으로 어떤 것을 세트로 판매해야 할지를 결정하는 것은 매장 운영은 물론, 홍보와 생산 관리에도 큰 영향을 끼칠 수 있기 때문에, 이 안건은 반드시 함께 이야기해야 합니다.

후: 작년에는 꽃무늬 블라우스가 꽤 팔렸죠?

키: 네, 하지만 이젠 소비자 관심도가 떨어졌고, 다른 브랜드와 패션 잡지 등에서도 도트무늬를 추천하고 있습니다. 곧 도트무늬 블라우스가 주목받을 것이 확실합니다.

후: 문제는 이제 소비자들이 무엇을 선택할 것인지 아는 것인데...

키: 나나씨, 올해 경향은 좀 어때요?

나: 지난번 각 매장의 점장들과 잠시 이야기를 나눠봤는데, 도트무늬 블라우스 판매는 좋은 편이었고, 고객들은 데님이나 무지 팬츠를 함께 구입하는 경향이 많은 것 같습니다.

몇 명의 점장도 비슷한 의견을 냈다. 주력 상품인 도트무늬 블라우스는 상의이기 때문에, 하의를 함께 세트로 구성하는 것이 좋겠다는 의견이 모아졌다.

---

4 Spring-Summer

🧑 키: 음, 패션적으로는 재미 없긴 한데, 이론적으로는 그렇겠어요. 그렇다면 제 예상으로는 다음분기에는 반바지가 좋을 것 같아요.

👩 나: 아! 진짜 좋겠네요. 직장 여성이 아닌 사람에게도 제안해 보면 좋겠는데요?

🧑 키: 역시 그렇죠?

👩 나: 역시 팀장님, 또 한 수 배웠습니다!

🧑 키: 나나씨~ 그러면 내가 부끄럽지~

🧑 토: 그건 '예상'입니까? 아니면 '예측'입니까?

비즈니스는 도박이 아니다

갑작스러운 토모카의 차가운 말투에 모든 시선이 쏠렸다. 영업부 직원들은 키무라가 속으로 한 소리 했을 것이라 생각했다.

🧑 키: 다시 한번 말씀해 주시겠습니까?

🧑 토: 그건 '예상'입니까? 아니면 '예측'입니까?

🧑 키: 핫팬츠를 말하는 건가요? 아까도 말했는데 나의 '예상'이라

고. 이 일은 내가 약 6년간이나 하고 있으니까요. 예상이나 예측이나 같은 거 아닌가요?

토: 아뇨. 다릅니다. 완전히 다릅니다

키: ...!?

토: 예상은 사건의 진행과 결과에 대해서 사전에 짐작하는 것입니다. 하지만 예측은 미래에 일어날 일 또는 상태를 사전에 유추하는 것입니다. 차이를 아시겠습니까?

키: 아뇨. 전혀. 그리고, 이런 이론적인 이야기가 지금 필요하지 않은 것 같은데요.

점장들은 토모카의 캐릭터를 순식간에 파악하고 가만히 이들을 관찰하는 것이 현명하다고 판단한듯 했다. 분명 놀랍지만 흥미진진하다고 생각했을 것이다. 토모카는 두 개의 단어를 사용하여 화이트보드에 다음과 같은 표를 그렸다.

◎ 예상과 예측의 차이

예상	생각	감, 느낌	도박
예측	측정	규칙성	비즈니스

토: 경마에서 왜 '예상'이라는 용어를 쓸까요? 이건 문자 그대로 '예상'하는 것이기 때문입니다. 반면, 비즈니스에서 매출 등의 수치 분석은 왜 '예측'이라고 할까요? 문자 그대로 '추측'하는 것이기 때문입니다. 추측은 인간의 감이 아니라, 숫자로 표현 가능한 규칙성을 말합니다.

키: 또 이론적인 얘기네. 시바사키씨, 이번에는 국어 수업인가요? 단어 정의는 이 회의의 본질과는 전혀 상관없으니 그만하시죠.

토: 그럴 수 없습니다.

키: 뭐라고요?!

토: 부장님, 그리고 여러분, 잠시 시간 괜찮으실까요?

토모카가 풍기는 압도적인 분위기 때문에 누구도 아니라고 말할 수 없었다. 후쿠시마는 이런 분위기를 파악하고 표정으로 무언의 동의를 표했다.

적중 가능성이
높은 쪽은 어느 쪽?

상상하는 것과 추측하는 것의 차이

토모카는 두 개의 그림을 화이트보드에 그렸다. 다른 참여자에게는 미안했지만, 키무라에게 예상과 예측의 근본적인 차이를 이해시키기 위해서였다.

 키: ... 이건 무슨 그림이지?

 토: 누군가에게 이 그림을 보여주고 맘에 드는 그림 하나를 바라보도록 했다고 하겠습니다. 그림 A는 비워져있고, 그림 B는 화살표 그래프가 있습니다. 사람들에게 어느쪽을 보고 있는지를 묻는다면, 어떤 대답이 많을까요?

◎ '맘에 드는 그림' 실험

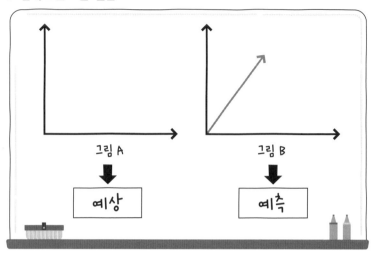

🧑 키: 화살표가 있는 B겠죠.

👩 토: 맞습니다. 실제로 실험을 해서 통계를 내 보면 그렇습니다.

🧑 키: 당연한 말이잖아요. 어쩌라는건지. 이제 회의 다시 시작하시죠.

👩 토: 중요한 건 지금부터입니다.

🧑 키: …

👩 토: 그림 A를 볼 것이라는 대답은 감에 의존하여 '상상한' 결과, 즉 예상입니다. 한편 그림 B라는 대답은 화살표라는 특이점을 고려하여 '추측'한 결과, 즉 예측입니다.

🧑 키: …

👩 토: 팀장님이 방금 말씀하셨죠? 맞출 가능성이 높은 것은 예측이

라고.

 키: …

토: 방금 전 반바지라는 결론은 예측인가요, 예상인가요? 만약 예측이라면 이 화살표에 해당하는 것은 무엇입니까?

회의실에 정적이 흘렀다. 감탄하고 있을 처지는 아니었지만, 후쿠시마 부장까지 토모카의 이야기에 흠뻑 빠져있었다. 이렇게 논리적이면서 근거가 탄탄한 지적을 받았으니, 이 업계에서 패션 센스로 경력을 쌓아온 키무라도 반론하기 어려웠을 것이다. 하지만 그도 질 수 없었다. 가만히 생각하더니 곧 반격하기 시작했다.

◎ 적중 가능성이 높은 쪽은 어디일까?

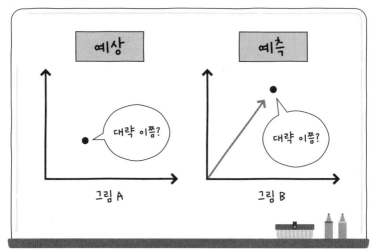

🧑 키: 역시 이런 이야기들은 이론적일 뿐이라는 생각만 드네요. 나는 지금까지 팔릴 아이템을 '적중'시켰어요. 가령 내가 '예상'밖에 못한다고 하더라도, 계속 결과가 있었습니다. 비즈니스는 결과로 말합니다. 이걸 부정할 순 없겠죠.

　키무라의 주장에 고개를 끄덕이는 점장도 있었다. 키무라가 지금까지 이 브랜드를 이끌어 온 것은 사실이다. 게다가 그는 매장 직원들의 두터운 신뢰도 한 몸에 받고 있었다. 하지만 그에게는 논리적 사고가 부족했다. 토모카는 이를 이번 기회를 통해 지적하고 싶었던 것이다.

👩 토: 팀장님 말씀은 90% 맞습니다. 비즈니스는 결과로 말하는 것이 맞죠. 하지만 한 가지, 팀장님이 놓치고 있는 것이 있습니다.

🧑 키: 그게 도대체 뭔데요?

👩 토: 그것이 '계속되지 않는다'는 것입니다.

🧑 키: 무슨 소리지?

👩 토: 팀장님의 예상이 앞으로도 계속 적중되는 일은 있을 수 없다는 것입니다.

　토모카의 말투는 내용과 다르게 부드러웠다. 키무라도 '그건 그렇지만...' 이라고 슬쩍 생각했다. 하지만 점장들 앞에서 이런 상황에 놓인 것은 굴욕적이었다. 그래서였는지, 여기서 물러설 순 없다는 생각이 들었다.

🧑 **키:** 어떻게 그렇게 단언할 수 있죠?

🧑 **토:** 왜냐하면, 만약 예상이 계속 적중될 것이라면 말이죠,

🧑 **키:** …

🧑 **토:** 정말 그렇다면, 이런 회의를 할 필요가 없지 않겠습니까?

조심스럽지만 단호한 토모카의 말에 다시 회의실에 정적이 감돌았다. 이 말은 키무라에게 분명 효과가 있었다. 그때, 회의실의 모두가 어리둥절하고 있다는 것을 알아챈 후쿠시마가 재치있게 회의를 진행시켰다.

🧑 **후:** 이야, 시바사키씨 정말 대단해요. 논리 정연한 사고군요. 한 수 배웠습니다.

🧑 **토:** 감탄하고 있을 상황은 아니라고 생각합니다.

🧑 **후:** 하하... 그건 그렇지요. 그런데 지금은 도트무늬 블라우스와 함께 묶어 판매할 상품을 논의하는 시간입니다. 이를 어떻게 '예측' 할 수 있을까요? 아마 여기에 있는 모든 사람들이 알

고싶어할 주제라고 생각합니다.

토: 네, 물론 방법이 있습니다.

후: 오! 가르쳐 주세요! 부탁합니다. 키무라씨도 알고싶죠?

키: 흠...!

토: 그럼 잠시 시간을 내주시겠습니까?

3. | 상관계수의 힘을 빌리자

상관계수로 확장할 아이템을 발견하자

토모카는 사전에 준비한 종이 1장 짜리 자료를 나눠주었다. 지난번 '편차'를 설명했을 때도 그랬지만, 마치 이미 이러한 전개를 예상한 듯 보였다.

토: 결론부터 말하자면 상관계수를 사용하면 됩니다.

키: 뭐? 사과 개수?

토: 아뇨, 상! 관! 계! 수! 입니다

나나는 나오는 웃음을 참느라 애쓰고 있었다.

토: 콘도씨에게 받은 데이터로 WIXY 브랜드 론칭 이후 지금까지의 판매 상황을 간단하게 정리해 보았습니다.

후: 오, 감사합니다. 설명해주세요.

◎ **도트무늬 블라우스와 하의와의 상관계수**

	청바지	청치마	7부바지	반바지
도트무늬 블라우스	-0.27	0.36	-0.41	0.53

이 수치가 높을수록 도트무늬 블라우스 판매와 관계가 높다

토: 네, 나눠 드린 자료는 과거 데이터를 기반으로 WIXY의 도트무늬 블라우스의 판매수량이 증가한다면 동시에 함께 판매될 가능성이 높은 아이템이 어떤 것인지를 수치화한 자료입니다.

키: 수치화?

모두가 웅성거렸다. 이런 분석이 가능하면 좋겠다는 이야기는

회의에서 나온 적이 있지만, 실제로 수치화하는 것은 BRIGHT STONE에서 처음 있는 일이었다.

토: 결론부터 말씀드리자면, 보고 계시는 자료의 수치가 높을수록 도트 무늬 블라우스의 판매수와 그 아이템의 판매 수에 강한 상관관계가 있다는 것입니다.

나: 대단해요...

콘: 그런 것까지 알 수 있군요...

토: 상관계수가 무엇인지를 먼저 설명해야 하지만, 지금 수학적인 이야기를 하는 것은 회의의 본질이 아니므로 설명은 시간이 남으면 하는 것으로 하겠습니다. 지금은 이 수치가 올바르다는 전제로 회의를 진행해 주시면 됩니다.

키: 잠깐.

토: 네, 왜 그러시죠?

키: 상관관계가 뭐죠? 아니, 지금 점장님들도 웃고는 계시지만, 이거 나만 모르는 건 아니죠? 그렇죠?

점장 몇 사람이 웃으면서 고개를 끄덕이자 잠시 회의실 분위기가 누그러졌다. 3개월에 한 번 있는 중요한 회의가 순식간에 일타 강사 시바사키 토모카의 수학 세미나가 되어버렸다.

🧑 **토:** 그렇다면... 상관계수에 대해 간단하게 설명부터 하겠습니다. 질문 하나 드리겠습니다. 팀장님은 지금까지 업무에서 스트레스를 받았던 적이 있습니까?

🧑 **키:** 아... 지금이요. 스트레스 너무 심해요...

회의실이 웃음소리로 가득했다. 이렇게 되받아 칠 거라 생각하지 못한 토모카도 방심한 듯 살짝 웃어버렸다.

🧑 **토:** 스트레스가 심해지면 어떤 변화가 생깁니까?

🧑 **키:** 변화? 글쎄, 술자리가 늘지 않을까요?

🧑 **토:** 그럼 거꾸로 스트레스가 줄어들면 줄어들수록 어떤 변화가 있을까요?

🧑 **키:** 음, 일이 너무 즐거워질 것 같은데요.

🧑 **토:** 팀장님의 경우에는 스트레스의 양과 음주의 양, 업무의 동기 부여 사이에 어떤 관계가 있다고 생각할 수 있겠네요.

🧑 **키:** 나의 음주량과 업무의 동기부여에 어떤 관계가 있어...요?

🧑 **토:** 네. 그렇습니다. 어느 한쪽의 변화와 다른 쪽의 변화 사이에 관계가 있다는 것을 증명할 수 있는 경우, '상관관계가 있다'고 합니다. 여기서 어느 한쪽이 증가하면 또 다른 쪽도 증가하는 관계를 '정적 상관', 어느 한쪽이 증가할 때 또 다른 쪽이

감소하는 관계를 '부적 상관'이라고 합니다.

콘: 정비례와 반비례 같은 건가요?

토: 네. 이미지화 시켜 보면 그렇습니다. 조금 전 상관계수는 두 종류의 데이터를 사용하여 한쪽의 변화와 다른 쪽의 변화에 얼마큼 관련이 있는지를 알기 위해서 각각의 판매 수 변화를 비교하여 수치화 한 것입니다.

모두 어렴풋이 그려왔던 이미지를 간결한 글과 함께 야무진 설명으로 듣게 되자, 영업부 사람들은 물론이고 점장들도 쉽게 이해했다.

그때, 나나가 토모카에게 날카로운 질문을 했다. 이 질문은 우수한 비즈니스맨들도 사실 바르게 이해하지 못한 채 현장에서 사용하고 있는 말이었다.

상관관계와 인과관계

 나: 시바사키 선생님! 질문이 하나 있습니다.

 토: 네, 질문하세요.

나: '인과관계'라는 말도 있잖아요? 그것과 상관관계는 어떻게 다른 거죠?

◎ 상관관계와 인과관계

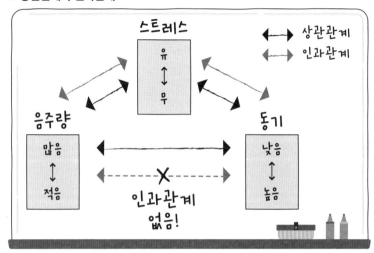

 토: 좋은 질문입니다. 인과관계는 원인과 결과의 관계입니다. 예를 들어, 팀장님의 음주량 증가는 업무에 대한 동기부여 저하의 직접적인 원인은 아니죠. 그 반대도 그렇고요. 하지만 음주량이 증가하는 원인은 스트레스라고 조금 전에 스스로 말씀하셨기 때문에 음주량의 증감과 스트레스의 유무는 인과관계라고 생각해도 좋아요.

 나: 아 그렇군요!

후: 어떤 두 가지 사이에 인과관계가 있다면 그것은 필연적으로 상관관계가 있다고 말할 수 있겠네요. 하지만 반대의 경우는 그렇지 않을 수 있다는 거죠?

토: 네, 그렇습니다.

4. | 숫자가 보여주는 의외의 결과

상관계수를 나타낸 것

회의실에 모인 이들은 상관관계가 무엇인지, 상관계수가 무엇인지를 이해하게 되었다. 토모카는 진행을 서둘렀다. 중요한 것은 수학 이론이나 용어 정의보다 눈 앞에 있는 일을 풀어가는 것이었기 때문이다.

토: 그럼 본론으로 돌아가겠습니다. 자료 (121쪽의 그림)에 있는 상관계수를 다시 봐주세요. 이 표는 도트 무늬 블라우스와 주요 하의와의 상관관계를 수치화한 것입니다. 상관계수는 +1부터 −1 사이의 값입니다. +1에 가까울수록 정적 상관이 높고,

−1에 가까울수록 부적 상관이 높다고 해석합니다. 수학적인 이론은 일단 여기까지 하고, 본론으로 들어가겠습니다.

키: 잠깐! 여기 가장 큰 숫자가 핫팬츠 맞죠? 그렇다면 도트무늬 블라우스의 판매수량과 상관관계가 가장 높은 것은 반바지라는 거 아닌가요?

토: 네. 맞습니다.

키: 거봐요, 보라구요. 결국은 아까 내가 예상한 그대로잖아요! 반바지가 가장 잘 어울리는 아이템이라는 거. 결국 나의 센스가 선택한 결과랑 같네요. 잘난척 하기는.

토: 아니, 틀렸습니다.

키: 네?

토: 상관계수 0.5 정도의 수치로는 결코 높은 상관이 있다고 단언할 수 없습니다. 굳이 의미를 부여하자면 '하의 중에서는 비교적 상관이 높다' 정도겠네요.

키: 본인한테 유리한 결과가 아니라서 대충 얼버무리는 것 아닙니까?

토: 아뇨, 그럴리가요.

키무라가 무슨 생각을 하는지는 이해가 되지만, 실제로 상관계수 0.5 정도는 마케팅에 의미가 있는 수치라고 하기는 어렵다. 절대적인 기준은 없지만, 일반적으로 ±0.7 정도를 높은 상관관계가 있다고 생각한다. 숫자는 결코 거짓을 말하지 않기에, 수치로 나온 결과는 믿어야 한다. 숫자는 인간이 선입견으로 보지 못했던 사실을 뚜렷하게 부각시킬 수 있는 힘을 가지고 있기 때문이다.

◎ 상관관계의 크기와 상관계수의 관계

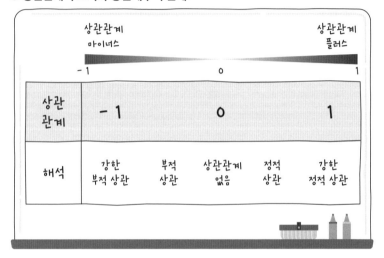

🧑 **토:** 팀장님, 꼭 하의를 함께 팔아야할까요?

👩 **키:** ...?

🧑 **토:** 저는 패션 전문가가 아니라 여쭤보는겁니다. 블라우스와 함께 구성하는 상품은 꼭 하의여야 하나요?

키무라는 토모카의 질문이 무슨 의미인지 이해하지 못했다. 그에게는 '패션은 머리부터 발끝까지 하나로 만들어야 비로소 성립되는 것'이라는 철학이 있었다. 그러니 당연히 블라우스를 팔고 싶다면 그것에 맞는 하의를 세트로 제안하는 건 당연한 일이었다. 하지만, 상관계수는 의외의 결과를 보여주었다.

 후: 자료 뒤쪽에 수치들이 적혀있군요.

키: 뒤쪽...

토: 그렇습니다. 다음 표를 보시면 일목요연하게 정리되어 있습니다. 과거 도트 블라우스의 판매 수량 추이와 모든 상품 사이의 상관관계를 조사했더니, 압도적으로 높은 수치를 보인 것이 딱 하나 있었습니다.

 후: 이거 흥미롭군요...

 나: 대단하네요...

 콘: 진짜 의외인데요...

키: ... 진짜 이렇다고?

◎ 도트무늬 블라우스와 그 외 아이템의 상관관계

	청바지	청치마	7부바지	반바지	스카프
도트무늬 블라우스	-0.27	0.36	-0.41	0.53	0.84

스카프와의 상관이 높음!

 토: 보시는 것처럼 스카프의 판매 수량 추이와 높은 상관관계가 있었습니다. 이는 지금까지 WIXY에서 도트 블라우스와 스카프가 함께 판매되는 경우가 많았다는 것입니다.

키: 잠깐만!

토: 네, 왜 그러시죠?

키: 이 분석 결과는 의미가 없어요.

토: 왜 그렇습니까?

키: 스카프는 원래 잘 팔리는 소품입니다. 상의를 구입한 고객이 세트로 구입할 가능성이 높아요. 결국 도트 블라우스가 아닌 상의를 구입한 사람의 숫자를 확인하지 않으면 안 된다고요.

신기하게 키무라는 자신만만했다. 하지만 분명 키무라가 말한 것처럼 도트 블라우스 이외의 아이템과 스카프의 상관관계를 확인하지 않으면 올바른 판단을 할 수 없다.

키무라는 지난번 토모카가 알려준 AB 테스트를 재빨리 적용시킨 것이다.

토: 팀장님, 훌륭한 지적입니다. 지난번 제가 말씀드렸던 것을 이해하셨군요.

키: 칭찬은 됐어요.

토: 당연히 말씀하신 부분도 조사했습니다. 자료에는 넣지 않았지만, 도트무늬 블라우스를 제외한 스카프와 상의 판매 추이와의 상관계수는 약 0.5였습니다.

키: … 그렇군.

토: 결론적으로 지금까지의 자료를 바탕으로 보면, 차기 주력 상품인 도트무늬 블라우스와 함께 세트 구성을 했을 때 효과를 낼 가능성이 높은 것은 스카프입니다. 더불어 스카프는 다른 상의와의 매출에서도 높은 상관을 보이고 있습니다.

5.

숫자를 사용한다면
선입견이 없어진다

숫자로 짐작하기

후쿠시마의 결정으로 차기 주력 아이템인 도트무늬 블라우스는 반바지와 함께 코디하는 것을 제안하고, 여기에 추가로 스카프를 적극적으로 추천하는 것으로 정리되었다.

키: 하지만, 왜 도트 블라우스만 스카프와 상관이 높을까? 조금 전 설명에 의하면 상관관계는 있지만 인과관계가 있는 것은 아니고, 결국 도트무늬 블라우스를 사는 것이 스카프를 사는 직접적인 이유는 되지 않는건데...

나: 저도 아까부터 그게 이해가 되지 않았어요. 숫자로는 이렇게

나왔으니 믿을 수밖에 없어요.

키: 응, 도트무늬 블라우스와 맞추기 쉬운 민무늬 스카프를 원하는 심리는 알겠는데...

토: 민무늬가 아닙니다.

키: 응?

토: 도트무늬 블라우스와 가장 상관이 높은 무늬는 '꽃무늬' 입니다.

키: 그것까지 조사를 했다고요?

◎ **도트무늬 블라우스와 스카프의 상관관계**

	스카프 전체	민무늬	꽃무늬	그외
		무늬		
도트무늬 블라우스	0.84	0.54	(0.93)	0.79

꽃무늬 스카프와 상관이 높음!

토모카는 자료의 상세 페이지를 보여주었다. 스카프 카테고리에 속한 상품들 사이의 상관계수가 적혀있었다. 조사 결과 꽃무늬와의 상관관계가 가장 높게 나타났다. 이 결과의 AB 테스트를 위해 민무늬, 그리고 그 외의 무늬와의 상관관계도 함께 조사한 자료였다.

토: 보시는 바와 같이 꽃무늬 스카프의 상관계수가 도트무늬 블라우스와 가장 높다는 것을 알 수 있습니다.

나: 우와 굉장하네요!

콘: 민무늬가 오히려 적다는 것이 놀랍네요.

키: … 정말이군.

하지만 키무라는 이 결과가 도무지 납득이 가지 않았다.

숫자로 고객 심리 파악하기

키: 모르겠어요. 보통 '도트무늬 블라우스와 꽃무늬 스카프'는 어울리지 않는 코디란 말이죠. 실제로 우리 카탈로그나 매장 전시도 민무늬 스카프와 함께 코디하고 있어요.

토: 팀장님, 그럼 질문 하나 드리겠습니다.

🧑 키: … (하여간 이 사람은 한마디 한마디가 너무 예의 바르다니까.)

🧑 토: 함께 코디하기 위해 구입한 것이 아니라고 가정해 보시면 어떨까요?

🧑 키: …?

🧑 토: 저는 아직 이 회사에 온 지 얼마 안 되긴 했지만, 이런 생각이 들었습니다. 여러분은 패션 전문가이며 코디를 제안하는 일을 하시기 때문에 '토탈 코디네이트'를 중심으로 생각하고 있습니다. 하지만 고객은 어떨까요?

🧑 키: 무슨 의미죠?

🧑 토: 저는 개인적으로 가게의 디스플레이나 매장 직원이 코디하여 입은 그대로 구입한 적이 없습니다.

이 말에 점장들의 얼굴 표정이 변했다. 분명 고객에게 코디를 제안하더라도 단품만 사거나, 혹은 전혀 관련 없는 상품을 몇 개씩 구입하는 경우가 많다는 것을 경험을 통해 알고 있었기 때문이었다.

🧑 토: 제가 지인에게 들은 이야기가 있는데요.

🧑 키: ?

🧑 토: 무늬가 있는 옷을 입는 사람은 다른 무늬에도 도전하지만, 무

늬가 없는 옷을 주로 입는 사람은 대체로 무늬가 있는 옷을 시도하지 않는다고 합니다.

🧑 키: ...!

👩 나: 그건 저도 그렇게 느꼈어요. 혹시 이런 건 아닐까요? 도트무늬 블라우스를 입는 사람은 애초에 무늬를 좋아하고, 새로운 패션에 적극적인 사람이죠. 그렇기 때문에 다른 무늬에도 흥미를 보이고, 기존 코디에 더할 아이템을 갖고 싶다고 생각할 수 있겠죠. 그래서 두 가지 아이템 판매 사이에 상관이 있는게 아닐까요...?

나나의 말에 점장들도 고개를 끄덕였다. '상관이 높다 = 같은 사람이 산다'는 가설은 가능성이 있다. 하지만 '상관이 높다 = 함께 사용하기 위해 산다'는 가설은 판매자의 생각일 뿐이다. 이처럼 상관계수는 판매자가 간과한 고객의 특성을 찾아낼 수 있다.

처음에는 토모카를 다른 세계 사람처럼 쳐다보던 점장들도 어느새 패션업계에 경험이 전혀 없는 토모카의 이야기에 매료되어 있었다. 결국 다음 시즌에는 꽃무늬 스카프를 대량 생산하고, 매장 직원들은 무늬가 있는 상의를 구입하는 고객에게 무늬가 있는 소품을 전략적으로 추천해 보기로 했다. 이 결론에 이의를 제기한 사람은 한 사람도 없었다.

6.

상관계수는 '이미지'로 이해한다

상관계수도 엑셀로 계산

전체 영업 회의가 끝났다. 후쿠시마 부장은 회의의 영향으로 너무 피곤했는지 일찍 퇴근했다. 나나도 '오늘 진짜 피곤하네요...'라는 말을 남기고 슬쩍 퇴근해 버렸다.

키무라도 퇴근하려고 책상을 정리하고 있었다. 그때 남은 업무를 처리하고 있던 콘도가 갑자기 토모카에게 말을 걸었다.

콘: 시바사키씨, 상관계수를 산출하는게 어렵나요?

토: 아, 그러고 보니 나중에 설명한다고 했었죠.

콘: 이것도 엑셀에서 함수를 사용해서 할 수 있습니까?

토: 네. '=CORREL( )' 함수에 데이터 범위를 지정해 주면 됩니다. 예를 보여드릴게요.

　콘도에게 설명하기 위해 마침 열려 있던 엑셀 시트에 간단히 7개의 수치가 있는 데이터 A와 B를 표로 만들고, CORREL 함수를 지정하고, 상관을 조사하고 싶은 두 종류의 데이터 셀 범위를 각각 지정했다. 간단하게 수치를 산출할 수 있었다.

◎ **엑셀에서 상관계수를 산출하기**

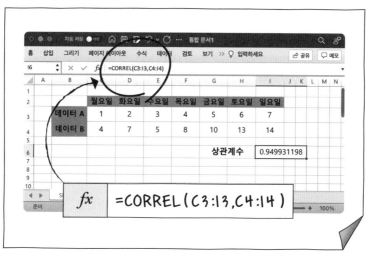

　두 사람의 대화에 신경이 쓰였는지, 키무라는 정리하는 척 하면서 눈은 마주치지 않고 대화를 쭉 듣고 있었다. 토모카는 이런

키무라의 반응을 눈치챘다. 하지만 신경 쓰지 않고 콘도와 대화를 계속 이어 나갔다.

🧑 **토:** 이런 경우 상관계수는 약 0.95, 즉 이 데이터만으로 판단한다면 상당히 높은 상관이 있다고 볼 수 있습니다.

🧑 **콘:** 그렇네요. 근데 상관계수는 왜 플러스 값도 있고 마이너스 값도 있는건가요? 자세하게 알고싶은건 아니고, 그냥 궁금해서요.

비즈니스맨에게는 현장에서 바로 적용할 수 있는지 여부가 중요하다. 상관계수의 엄밀한 이론은 굳이 몰라도 된다는 말이다. 실제로 이론을 배우러 수학 학원을 다니는 비즈니스맨은 아마 없을 것이다. 그러나, 아무리 실용적인 것이 우선이라 해도 수학 용어의 개념 정도는 알고 있어야 한다. 왜냐하면 '평균', '편차', '두 가지 데이터의 상관'과 같은 개념을 이미지화 해야 할 일이 자주 있기 때문이다.

정적 상관과 부적 상관의 의미

토: 말로 설명하면 길기도 하고, 너무 학문적인 이야기가 될 것 같으니 이미지를 활용해보겠습니다.

콘: 네. 좋습니다.

토: 제 컴퓨터를 봐주시겠어요?

토모카는 새로운 시트를 열어 간단한 표를 작성했다. 키무라도 컴퓨터를 쳐다보고 있었다.

◎ 판매된 물품과 수량

	첫째날	둘째날	평균값
컵 아이스크림	1	3	2
막대 아이스크림	1	5	3
어묵	19	3	11

콘: 팀장님 퇴근 안 하세요?

키: 아아, 누구랑 만나기로 했는데 시간이 좀 남아서요.

토: 이해를 돕기 위해 간단한 예를 들어보겠습니다. 예를 들어, 어떤 편의점의 2일간 컵 아이스크림, 막대 아이스크림, 어묵의 판매 수가 다음과 같다고 하겠습니다. 2일간 평균은 보시는 바와 같습니다.

◎ **정적 상관**

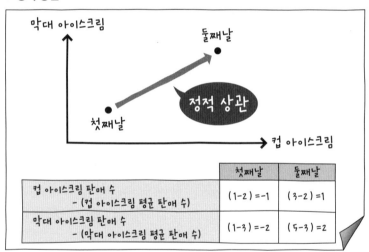

	첫째날	둘째날
컵 아이스크림 판매 수 　- (컵 아이스크림 평균 판매 수)	(1-2) =-1	(3-2) =1
막대 아이스크림 판매 수 　- (막대 아이스크림 평균 판매 수)	(1-3) =-2	(5-3) =2

키: 엄청 간단하네요.

토: 팀장님, 컵 아이스크림과 막대 아이스크림 판매수의 관계는 정적 상관과 부적 상관 중 어느 쪽일까요?

키: 양쪽 모두 첫째 날 보다 둘째 날이 더 증가했으니 정적 상관?

 토: 그렇습니다. 반면 컵 아이스크림과 어묵은 반대의 상황이니 부적 상관입니다. 그래프로 나타내 본다면 컵 아이스크림과 막대 아이스크림의 관계는 이렇게 나옵니다. 이해가 되셨나요?

◎ **부적 상관**

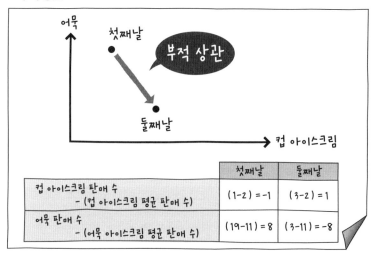

		첫째날	둘째날
컵 아이스크림 판매 수 - (컵 아이스크림 평균 판매 수)		(1-2) = -1	(3-2) = 1
어묵 판매 수 - (어묵 아이스크림 평균 판매 수)		(19-11) = 8	(3-11) = -8

 키: 아...

 토: 정적 상관이 있는 컵 아이스크림과 막대 아이스크림은 각각 평균값의 차이를 계산해 보면 이렇게(다음 장) 됩니다. 보시는 바와 같이 첫째 날은 마이너스, 둘째 날은 플러스의 수입니다.

 키: 그렇군...

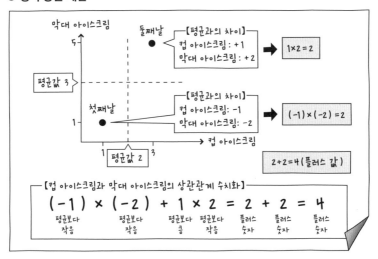

토: 부적 상관이 있는 컵 아이스크림과 어묵도 같은 방법으로 생각해 보면 첫째 날도 둘째 날도 마이너스와 플러스로 나눠집니다.

키: 오호...

콘: 비슷한 그림을 어디서 본 것같은데... 뭐였더라...

토: '편차'도 이런 방식이었습니다. 숫자가 몇 개씩 있으면 알기 어려우니 가능하다면 한 개의 숫자만으로 상관의 상태를 표현합니다.

키: 아아, 그것이 상관계수군요. 근데 이제 어떻게 하는 거죠?

토: 실제로 첫 번째 날과 두 번째 날, 각각 평균값의 차이를 계산

◎ **정적 상관 계산**

제3장 | 의사 결정에 숫자를 사용하는 진짜 이유를 아십니까?

해 보면 전자의 상관관계는 플러스로 표현할 수 있고, 후자의
상관관계는 마이너스로 표현할 수 있습니다.

콘: 아 그렇구나... 확실히 음양이 같은 수를 곱하면 하면 양수가
되고, 다른 수를 곱하면 음수가 되는군요.

키: 마이너스끼리 마지막에 더하니 부적 상관의 경우에는 계수가
마이너스!

토: 네. 지금은 이해를 위해 첫째 날과 둘째 날, 단 두 가지의 데
이터로 설명했지만, 데이터가 많아도 원리는 변하지 않습니다.
정적 상관, 부적 상관이라는 개념과 상관계수의 플러스, 마이
너스의 관계가 명확해지셨나요?

◎ **부적 상관 계산**

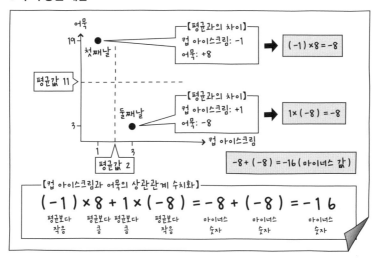

몰랐던 문제가 풀린 중학생처럼 키무라와 콘도는 눈을 반짝거리고 있었다. 예전에 토모카가 처음 상관계수의 구조를 이해했을 때 느꼈던 감동과 비슷한 감정을 느낀 것 같았다.

토: 간단한 현장 분석에 사용하는 경우에는 평균과 편차 상태를 가지고 두 데이터의 상관을 대략적으로 이미지화 할 수 있으면 충분합니다. 팀장님도 엑셀을 활용해보세요.

키: 흠, 알겠어요.

7. 숫자를 사용하여 의사 결정하는 진짜 이유

숫자는 곧 신뢰다

상관계수의 이미지화가 가능해진 키무라는 조금 들떴다. 학창 시절 수학 수업에서는 해보지 못한 경험이었기 때문이다. 애초에 키무라 본인의 수업 태도에 문제가 있었다고도 할 수 있겠지만.

🧑 **키:** 자, 그럼 슬슬 퇴근해 볼까?

👩 **토:** 팀장님, 잠깐 시간 괜찮으신가요?

🧑 **키:** 음? 상관계수는 이제 그만 해도...

👩 **토:** 전혀 다른 이야기입니다. 회사에, 특히 매장 직원들 중에 팀장님의 팬이 많던데요.

🧑 키: 그거야 뭐, 지방 매장은 좀 그렇죠. 내가 시찰이나 상담 때문에 방문하면 눈이 반짝반짝 거린다고요.

너무 긍정적이라 가끔 착각하는 경향이 있는 키무라에게 토모카가 또 어떤 한 방을 먹일까, 콘도는 혼자 상상했다. 하지만 토모카의 말은 의외였다.

🧑 토: 따르는 이들이 있다는 건 대단한 일입니다. 그분들을 소중하게 생각해 주세요.

🧑 키: 응? 뭐야 갑자기? 기분이 이상한데…?

🧑 토: 현장 직원들은 팀장님을 신뢰하고 있어요. 지방의 직원들은 자주 만나지 못하다 보니 더욱 팀장님의 능력에 의지하고 있을 것입니다.

🧑 키: …

🧑 토: 제 경험담을 좀 나눠도 괜찮을까요?

토모카는 컨설팅 회사에서 경험했던 클라이언트의 이야기를 시작했다.

그 기업은 사장 혼자의 힘으로 성장한 기업이었다. 사장은 회사의 중요한 결정을 모두 자신의 판단으로 진행했다. 다른 결정권자에게 일임하는 일은 없었다. 사장의 결정은 대부분 '경험과 직감'을 기반으로 이루어졌다. 어느 날, 사장의 의견과 현장의 의견이 완전히 달랐던 적이 있었다. 하지만 사장은 현장의 의견을 수렴하지 않았고, 논리적인 근거도 없이 그저 자신의 감을 바탕으로 결정을 밀어붙였다.

토: 결국, 사장은 자신의 의견을 끝까지 굽히지 않고 일을 진행해 버렸습니다.

키: 흠, 그래서 어떻게 됐어요?

토: 사업이 급격하게 악화되어 어쩔 수 없이 구조조정을 해야 했어요.

키: …

토: 그때 구조조정된 직원들은 '분명히 사장의 비즈니스 감각은 대단하다. 하지만 논리적으로 생각하고, 숫자를 사용하여 분석해 봤다면 다른 결정을 할 수 있었을 것이다'라고 생각했다고 합니다. 물론, 아무도 그 사장에 이렇게 말하진 못했지만요.

키: …

토: 제가 조금 더 빨리 그 회사와 연이 닿았으면 어땠을까 하는 아쉬움이 있어요.

토모카의 말에는 이전과는 다르게 감정이 담겨있었다. 그런 토모카에게 키무라는 놀리듯 말했다.

키: 평소 도도한 수학 선생님께서도 가끔은 감정적이 되는군요. 그렇지만 지금 하는 말은 어디까지나 결과론적 이야기잖아요? 숫자로 분석하여 예측한 결과가 빗겨 나가기도 하니까.

토: 네, 그렇습니다. 하지만 다릅니다.

키: 무슨 말이지?

토: 예상이든 예측이든 무조건 맞는 것은 없습니다.

키: 내 말이 그 말이잖아요.

토: 여기서 중요한건 예상이나 예측이 빗나간 후 어떻게 받아들이는지 여부 아닐까요?

키: ...?

토: 팀장님, 의사 결정하실 때 주변 동료들을 생각해 본 적 있습니까?

콘도도 어느샌가 토모카의 이야기에 빠져들었다. 언제나 차가운 토모카와는 조금 달랐기 때문이다. 그래서인지 토모카가 어떤 이야기를 할지 더 기대가 되었다. 콘도와 키무라는 가만히 토모카의 다음 이야기를 기다렸다.

토: 방금 말씀드린 회사 이야기에서, 사장의 감으로 내린 결정으로 인해 실패한 경우와 숫자를 사용하여 의논을 통해 내린 결정이 실패한 경우, 그것을 받아들이는 직원들의 심정은 분명 달랐을 것이라 생각합니다.

키: …

토: 후자의 경우, 어쩔 수 없지만 납득할 순 있습니다. 하지만 전자는 그렇지 못합니다. 앞서 말한 구조조정 된 직원 모두는 전자에 해당되겠죠.

키: 아…

토: 업무는 기본적으로 협업입니다. 직원은 로봇이 아닌 인간이고요. 사장은 자신의 결정이 실패한 후 직원들이 겪을 심리적 문제까지 생각하지 않았던 것이죠.

숫자로 의사결정을 하는 진짜 의미

누구나 수치를 기반으로 의사결정을 해야 한다고 한다. 하지만 왜 숫자를 사용해야 하는지, 그 이유를 이해하는 사람은 많지 않다.

수치를 기반으로 한 결정이 실패하는 경우, 그 결과를 어쩔 수 없는 것이었다고 받아들일 수 있다. 함께 일하는 동료들을 생각한다면, 애초에 한 사람 개인의 경험과 직감으로 중요한 것을 결정한다는 것 자체가 불가능한 일이다.

키: 그러니까, 숫자를 사용하라는 거죠?

토: 그렇습니다. 팀장님을 믿고 따르는 이들을 위해서 말이죠.

키무라는 말없이 사무실을 나왔다. 콘도가 커피 한 잔을 토모카에게 건넸다. 토모카는 블랙커피를 그다지 좋아하지 않았지만, 그대로 후루룩 마셨다.

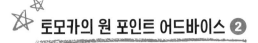

상관계수는 왜 정적 상관일 때 플러스이고 부적 상관일 때 마이너스인지 이미지를 그려 보면 알 수 있습니다. 편의점 예시에서도 +4와 -16이라는 값이 나왔어요.

이것을 보고 이상하다고 생각한 사람은 없겠쥬? 앞서 상관계수의 값은 반드시 +1부터 -1 사이에 있다라고 설명했어요. 하지만 편의점 예시에서 계산된 값은 이 조건에 맞지 않습니다. +4와 -16이라는 값은 상관계수를 설명하기 위한 것으로, 상관계수는 아닙니다.

이 값은 데이터 개수로 평균을 내고, 개수로 나눈 값에 각각의 표준편차를 곱한 것입니다.

상관계수가 왜 +1부터 -1사이인지에 대해서는 조금 난이도가 높으니 통계학 전문서적 등을 찾아보면 좋겠습니다.

두 축의 그래프를 4분할하는 본문 6항은 평균을 기준으로, 그것에 대한 편차를 파악하고, 두 가지 데이터의 상관을 파악할 수 있는 간단하고 효과적인 분석 방법입니다.

제4장

'분석'의 의미를 오해하고
있지 않으십니까?

팀장님,
나눗셈할 줄 모르시죠?

1. 　사노 사장이 낸 퀴즈

사노 사장의 의뢰

어느 날 아침, 회사의 가장 작은 회의실에 토모카와 사노 사장이 마주 앉아 있었다. 어제 사노 사장이 토모카에게 잠깐 이야기 좀 하자고 메일을 보냈기 때문이다. 토모카는 메일을 보며 씨익 웃으며 자신의 근황을 묻는 사노 사장의 모습을 떠올렸다.

사: 시바사키씨가 입사한지 이제 2주 정도 지났나요? 시간 참 빠르네요. 우리 회사 어때요?

토: 대부분 생각한 그대로입니다.

사: 무슨 의미죠?

🧑 **토:** 저 같은 타입을 모두 싫어하는 것 같습니다.

🧑 **사:** 하하하! 정확하게 말하면 한 사람이겠죠!

🧑 **토:** … 그럴 수도 있겠네요. 하지만 저도 많이 배웠습니다.

🧑 **사:** 그건 그렇고, 이건 좀 다른 얘기인데…

사노는 BRIGHT STONE 인터넷 쇼핑몰 이야기를 꺼냈다. 인터넷 쇼핑몰은 사노의 오랜 희망이었고, 본인이 직접 지휘했던 프로젝트였다. 그렇게 2년 전 사이트를 열었지만, 현재까지의 실적은 매우 저조했다. 현재는 전문 부서도 없이 영업부와 시스템 운영부가 함께 '그럭저럭' 사이트를 운영하는 실정이었다.

상황이 이렇다보니 사내에서는 인터넷 쇼핑몰의 필요성에 의문을 가지는 사람도 생겼다. 운영에 관여하는 키무라도 같은 생각이었다.

🧑 **토:** 신규 사업 초기부터 중기에는 자주 있는 일입니다.

🧑 **사:** 하지만 나는 인터넷 쇼핑몰을 어떤 '목표'를 가지고 시작했어요.

🧑 **토:** 무엇입니까?

🧑 **사:** 지금은 비밀입니다. 하지만 시바사키씨라면 숫자를 보고 눈치 챌 수 있을 겁니다. 퀴즈라 생각해 주세요.

🧑 **토:** 그럼 왜 지금 저에게 이 이야기를 하시는 건가요?

사: 음... 지금 분위기를 보아하니 머지않아 인터넷 판매 사업에 대한 논의가 있지 않을까 싶어서요.

토: 그 말씀은... 그 논의에서 제가 관련자들을 설득해야 한다는 건가요?

사: 역시 눈치가 빠르다니까!

이른 아침 비밀회담(?)을 마친 토모카는 자리로 돌아와 인터넷 쇼핑몰에 들어갔다. 역시나 관리가 되지 않고 있는 느낌이었다. 하지만 사노 사장의 지시로 시작된 사업이며, 그는 이를 시작한 어떤 목표가 있다고 말했다. 토모카는 사노의 쉽지 않은 퀴즈에 심장이 두근거렸다.

2. | 온라인 쇼핑몰, 닫아야 할까?

실제 판매로 판단하면 될까?

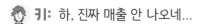 키: 하, 진짜 매출 안 나오네...

키무라가 책상 앞에 앉아 혼잣말이라고 하기엔 조금 크게 말했다. 인터넷 쇼핑몰 매출을 영업부 담당자 입장에서 그냥 보고있을 수만은 없었던 것이다.

나: 인터넷 쇼핑몰 말씀이시죠?

키: 네. 숫자가 말해주고 있네요. 오픈 이후 전월대비 120%를 넘긴 달이 없었고, 객단가도 실점포에 비해 70% 정도입니다. 이

러면 안 된다고요.

나: 호호호, 팀장님, 숫자를 넣어 말씀하시네요

키: 이 정도는 비즈니스맨으로 당연한 거죠.

콘: 근데 진짜 좀처럼 매출이 늘지 않네요...

키: 자세히는 모르겠지만, 시스템운영부 예산으로 사이트 가입자 유치를 위한 마케팅을 했다고 들었어요. 하지만 돈을 썼는데 도 이런 결과라니...

콘: 우선 부장님과 함께 얘기해 보는 게 어떨까요?

나: 찬성! 인터넷 쇼핑몰 활성화를 위해 우리도 노력을 좀 해야겠 네요.

곧 영업부 회의가 잡혔다. 후쿠시마 부장은 물론 토모카도 함께 하기로 했다.

키무라가 인터넷 쇼핑몰에 부정적인 이유가 있다. 그는 패션이 란 실제 눈으로 보고, 만져보고, 느껴보고, 입어보고 구입해야 하는 것이라는 확고한 철학이 있기 때문이다. 그리고 이 과정에서 고객에게 제안하는 것이 패션사업의 꽃이라는 것이 키무라의 생 각이었다. 그렇기에 인터넷 쇼핑몰에서 보고 클릭 한 번으로 옷을 구입하는 것은 그의 철학에 반하는 일이었다.

인터넷 쇼핑몰 프로젝트 기획 당시에도 키무라는 사노 사장에

게 이러한 자신의 의견을 피력했지만 사노는 개의치 않았다.

키: 제 개인적으로 인터넷 쇼핑몰에 관해 좀 부정적으로 생각하기도 하지만, 무엇보다 숫자가 말해주고 있어요. 부장님, 2년 정도 해봤으니 이제 더 지속할 이유는 없다고 봅니다.

후: 어떤 수치인가요?

키: 작년 연간 매출을 주요 매장과 비교해 보았습니다. 보시는 것처럼 주요 실제 매장의 매출 금액과 자릿수부터 다릅니다. 요코하마점을 예로 들면, 매장 매출은 2,100만 엔인 반면, 인터넷 쇼핑몰은 약 800만 엔입니다

후: 확실히 매출만 보면 그렇군요.

키: 게다가 인터넷 판매를 위해 적지 않은 인건비가 발생하고 있습니다. 이 자료를 기반으로 인터넷 쇼핑몰을 중지하는 제안을 사장님께 해보는게 어떨까 싶습니다.

후: 그렇군요. 시바사키씨의 생각은 어떤가요?

키: 흠...

토: 이 자료, 근거는 있는 건가요?

키: 수치를 보세요. 연간 겨우 800만 엔 매출이라고요. 게다가 2년간 매출이 거의 늘지 않았어요. 아무리 생각해도 잠재력이 없는 거죠.

🧑‍💼 **토:** 팀장님, 예전부터 생각하고 있었는데요...

🧑‍🦱 **키:** ?

🧑‍💼 **토:** 나눗셈 못하시죠?

숫자는 실수實數와 비율로 비교

예상을 한참 벗어난 대답에 키무라는 할 말을 잃었다. 깜짝 놀란 이들의 시선을 뒤로 한 채, 토모카는 담담하게 이야기를 계속했다.

🧑‍💼 **토:** '실수'만 가지고 비교하는 것은 의미가 없습니다.

🧑‍🦱 **키:** 실... 수?

🧑‍💼 **토:** 실제 수량을 실수라고 합니다. 이 자료에서는 매출액이 실수입니다. 2,100만 엔과 800만 엔을 그대로 비교하는 것은 아무런 의미가 없습니다.

🧑‍🦱 **키:** ...

🧑‍💼 **토:** 예를 들어보겠습니다. 전단지 배부 업무를 1,000장 한 정사원과 100장밖에 못한 아르바이트, 어느 쪽이 더 우수할까요?

◎ 전단지 배부 효율이 좋은 쪽은?

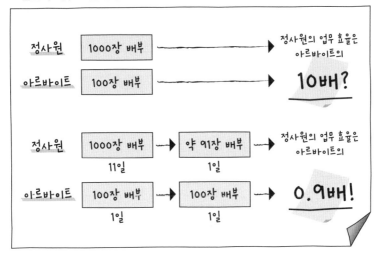

🧑 키: 또 재미없는 이야기인가. 당연히 정사원이겠죠.

🧑 토: 왜 그럴까요?

🧑 키: 왜냐고? 0이 하나 더 있으니까요.

🧑 콘: 시바사키씨가 말하고 싶은 건 정사원이 1,000장 배부하는 데 딱 11일 걸렸고, 아르바이트는 하루 만에 전부 배부했다면 평가는 반대가 된다는 거죠?

🧑 키: 응?

🧑 토: 이건 초등학교 산수입니다. 나눗셈이거든요.

🧑 키: ...!

🧑 토: 이렇게 단순히 2,100만 엔과 800만 엔이라는 2개의 실수로

비교하는 것은 아무런 의미가 없습니다.

3.

고객 시점을 이야기하려면
숫자를 사용하자

주목할 것은 매상 보다 이익률

토모카가 주요 매장과 인터넷 쇼핑몰의 판매 비교를 위한 데이터를 나누어주었다. 오모테산도, 신주쿠, 요코하마, 하카타점과 인터넷 쇼핑몰의 작년 매출, 비용(매출 원가 등), 영업 이익, 영업 이익률 등이 쓰여 있었다. 토모카는 항상 회의가 어떻게 진행될지 알고 있는 것처럼 자료를 준비해왔다.

🧑 **토:** 팀장님은 '매출'이란 말을 자주 하시는데, 우리의 목적은 매출이 아니라 '이익'을 얻는 것입니다. 예산은 '매출'을 기반으로 하기 때문에 어쩔 수 없지만, 원칙적으로는 '이익'을 가장 우

	실수			비율
	매출	비용 (원가 포함)	영업이익	영업이익률
오모레산도점	¥120,000,000	¥110,040,000	¥9,960,000	8.30%
신주쿠점	¥61,000,000	¥56,425,000	¥4,575,000	7.50%
요코하마점	¥21,000,000	¥19,656,000	¥1,344,000	6.40%
하카타점	¥42,000,000	¥38,934,000	¥3,066,000	7.30%
인터넷 쇼핑몰	¥7,900,000	¥7,457,600	¥442,400	5.60%

선시하고, 그다음 '매출'이나 '비용'을 생각해야 합니다.

키: ... 또 시작이네... 하나하나 다 따지고 드는 거...

토: ...

자칫 분위기가 험악해 질 수 있었지만, 토모카는 개의치 않고 이야기를 계속했다.

토: 우측 끝부분의 '영업 이익률'에 주목해 주세요. 실수가 아닌 비율입니다.

키: 인터넷 쇼핑몰의 이익률이 낮잖아요? 이 정도 숫자는 나도 파

악하고 있다고요.

🙂 **토:** 분명히 그렇습니다. 하지만 팀장님께서 지적하신 인터넷 판매와 요코하마 매장은 1%의 차이도 없어요. 하지만 오모테산도 매장과 요코하마 매장은 2% 가깝게 차이가 나는데도 지적하지 않으셨죠. 뭔가 모순적이지 않습니까?

🙂 **키:** 억지 부리지 맙시다...

🙂 **토:** 이 자료는 인터넷 쇼핑몰 역시 다른 주요 점포처럼 이익을 내고 있다는 걸 보여주고 있습니다. 그러니 이 자료를 보고 인터넷 쇼핑몰을 닫아야 한다고 말하는건 이상하죠.

　　토모카의 주장에 반대하는 멤버는 한 사람도 없었다. 확실히 금액은 적지만 이익률로 본다면 인터넷 판매가 '나쁘다'고 하는 것은 조금 억지일지도 모른다.

🙂 **나:** 시바사키 선생님, 질문이요

🙂 **토:** 네, 시마다씨.

🙂 **나:** 하지만 결국 발생하는 이익률이 적기 때문에 회사에 도움이 되지 않는다고 볼 수 있지 않나요?

🙂 **키:** 맞아. 그거야. 역시 나나씨! 나도 그렇게 말하려고 했어요.

새빨간 거짓말이라 생각하는 후쿠시마와 콘도의 시선을 눈치 채지 못한 키무라의 목소리가 갑자기 밝아졌다.

하지만 나나의 질문은 적절했다. 실제로 매출을 올릴 수 있는 가능성이 있다고 해도, 이윤이 적다면 곤란하기 때문이다. 애초에 토모카는 키무라의 얄팍한 지식을 지적하려 했던 것일 뿐, 인터넷 쇼핑몰 운영 중단을 부정하는 것은 아니었다.

후: 언제나처럼 시바사키씨의 자료에 그 답이 있겠네요.

콘: 분명히 이 자료에도...

토: 네. 다음 장을 확인해 주세요. WIXY의 고객을 과거 누계 구입 금액으로 분류해 봤습니다. 초우량 고객은 골드, 단골은 실버, 나머지를 신규 고객이라 했습니다.

키: 도시락 가격에 비유하자면 최고급, 고급, 일반 정도?

토: 네, 그리고 이를 각 점포별 3종류의 고객 층으로 나누었습니다. 이 자료를 통해 명확하게 알게 된 것이 있습니다. 인터넷 쇼핑몰 이용자는 골드가 압도적이라는 것입니다.

키: 오...

콘: 이건 바로 알 수 있겠네요.

토모카가 산출한 숫자에 의하면 인터넷 쇼핑몰 이용자에 한정

◎ 주요 매장 고객 비율

	신규고객	실버	골드	합계
오오레산도점	62.0%	33.6%	4.4%	100.0%
신주쿠점	55.1%	43.0%	1.9%	100.0%
요코하마점	69.8%	25.6%	4.6%	100.0%
하카타점	53.1%	37.6%	9.3%	100.0%
인터넷 쇼핑몰	3.6%	20.6%	75.8%	100.0%

압도적으로 높음!

하여 고객 특성을 조사했더니 거의 80%가 골드 고객이었다. 자료는 분명 실제 매장과는 다른 경향을 보여주고 있었다. 하지만 키무라는 좀처럼 납득하지 않았다.

🧑 키: 음... 이건 내 예상과는 전혀 다른 결과인데...

🧑 토: 어떻게 예상하셨나요?

🧑 키: 골드 고객은 우리 브랜드의 절대적인 팬이므로 매장에 들러 쇼핑을 즐긴다고 생각했어요. 한편 인터넷에서 편의점처럼 옷을 사는 고객은 패션에 크게 관심이 없고 쇼핑 시간도 짧은, 결국은 우리와 상관없는 고객이라 생각했죠.

토: 하지만 실상은 완전히 반대였네요.

숫자가 보여준 인터넷 판매의 강점

그때 후쿠시마가 질문했다.

후: 시바사키씨는 어째서 골드 고객들만 우리 인터넷 판매 사이트를 이용하고 있다고 생각해요?

토: 네, 이건 리서치를 하지 않았기 때문에 어디까지나 저의 가설입니다만, 신규 고객은 우선 점포에서 쇼핑을 합니다. 왜냐하면 전혀 구입해 본 적 없던 브랜드 제품을 갑자기 인터넷 사이트에서 산다는 것은 고객 입장에서 리스크가 크기 때문입니다.

후: 그건 그렇죠.

토: 반면, 사이즈나 소재 등을 알고 있고, 신뢰가 생겨 단골이 되고, 브랜드의 스타일, 상품의 소재, 사이즈 감각 등을 잘 알고 있는 우량 고객이 되면 점포가 아닌 인터넷 사이트에서도 안심하고 쇼핑을 할 수 있기 때문입니다.

후: 그 가설이 맞는 것 같네요.

🧑 **토:** 물론 조사를 해 볼 필요는 있습니다.

👩 **나:** 진짜 그럴지도 모르겠네요. 골드 고객이라면 작년에 산 것과 같은 모양이 갖고 싶다거나, 지난주 산 것과는 다른 색상이 필요할 수도 있으니까요.

🧑 **콘:** 반대로 이미 정해 놓은 그 아이템만을 사러 매장에 가는 것보다 차라리 인터넷 쇼핑으로 끝내려는 심리가 있을지도 모르겠네요.

어떤 비즈니스 현장에서나 '고객의 입장'이라는 말은 빈번하게 사용될 것이다. 하지만 키무라는 '고객의 입장' 보다 '개인적인 생각'을 무의식적으로 우선시하여 확신했다. 그러나 이렇게 나눗셈 하나로 간단히 분석한 수치로도 이런 오류를 막을 수 있다.

🧑 **키:** 그래서, 시바사키씨의 결론은 뭔가요?

🧑 **토:** 결론은, 인터넷 쇼핑몰을 닫는다는 것은 초우량 고객 판매 루트를 없애버리는 것과 같기 때문에 위험한 일입니다. 따라서, 인터넷 쇼핑몰은 회사의 수익을 압박하지 않는 선에서 계속되어야 합니다.

4. | 실수와 비율, 두 가지 숫자로 보는 방법

항상 실수와 비율 양쪽 모두 확인한다

인터넷 쇼핑몰의 매출 비중이 밝혀지며 일단은 방향이 정해졌다. 후쿠시마가 질문을 하나 던졌다. 역시 매니지먼트 경험이 풍부한 만큼 완벽하게 토모카를 다루는 요령을 터득한 것 같았다.

후: OK! 일단은 그렇게 합시다. 그런데 시바사키씨에게 질문이 하나 있어요.

토: 네.

후: 방금 본 것 처럼, 비즈니스에서 사용하는 숫자는 크게 실수와 비율이 있잖아요? 이걸 어떻게 다루어야 실수 없이 해석할 수

있을까요? 요령 같은 게 있다면 알려주시면 좋겠어요.

토: 그럼 그 부분에 대해서는 설명을 한번 해보겠습니다.

후: 시바사키씨가 이번 자료를 어떤 방식으로 분석했는지가 궁금합니다. 이 기회에 다른 분들에게도 그 방법을 좀 알려주시면 좋겠어요. 앞으로 모두 이런 식으로 일을 할 수 있다면 얼마나 좋겠습니까!

토: 그럼 5분 정도 설명해보겠습니다. 팀장님, 5분이면 충분할 거로 생각합니다. 엄청 간난하니까요.

키무라가 어색한 미소로 답했다. 좋아서 웃는게 아니다. 이런 대화에도 꼭 숫자를 사용하는 토모카를 이해할 수 없었기 때문이다.

토: 우선 실수와 비율부터 설명하겠습니다. 결론부터 말하면 '둘 다 파악해야한다'입니다.

키: 그건 당연한 얘기 아닌가요?

토: 음, 조금 전 팀장님께서는 이렇게 당연한 것을 못하셨습니다만...

키: 시바사키씨, 지금 나 놀리는...

토: 먼저 실수를 확인한 후, 이 수치를 '평가 가능한 수치로 만드는 나누기'를 합니다. 좀전의 전단지 배부를 예로 들면, 여기서

기준은 '1일'입니다. 인터넷 쇼핑몰에 적용해본다면 매출이라
는 실수를 사용하여 영업 이익률을 산출하고, 평가하기 위한
값을 만들기 위한 나누기가 필요하다는 것입니다.

키: 음, 그럼 반대로 비율은 어떻게 봐야하죠?

토: 비율을 분석하려면 반드시 분모가 되는 실수를 파악해야합
니다.

키: 어떻게 하는 거죠?

아직 키무라는 확실히 이해하지 못한 것 같다. 이를 눈치챈 토
모카는 검정 마카를 들고 화이트보드에 쓱쓱 무언가를 그리고 나
서 설명을 계속 이어 나갔다.

실수에서 비율, 비율에서 실수를 찾아낸다

토: 중국을 예로 들어보겠습니다. 중국 인터넷 판매 이용자는 약 1
억 4,200만 명이고, 중국에 있는 대형 인터넷 쇼핑몰 점유율
은 35%입니다.

키: 그래서요?

◎ 실수에서 비율을, 비율에서 실수를 찾는 방법

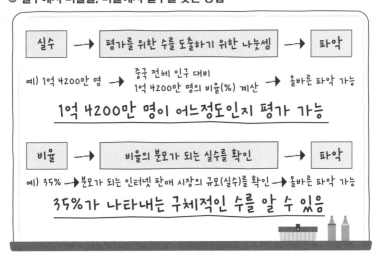

🧑‍💼 **토:** 실수와 비율 두 종류의 숫자가 나왔어요. 이때는 각각 이 그림처럼 생각하면서 사실을 파악하면 됩니다.

🧑 **키:** …

🧑‍💼 **토:** 이 방식이 익숙해지면 누구나 주어진 수치를 가지고 어느 정도 상황 파악을 할 수 있습니다.

🧑 **키:** 이렇게 설명을 듣고 보니 간단해 보이네요.

이처럼 정리를 제대로 한다면 숫자를 읽어내는 것은 생각보다 어렵지 않다. 문제는 오히려 숫자를 복잡하게 만드는 경우다. 의외로 분석을 좋아하는 이과 출신 중에 그런 사람이 많다. 그렇지

제4장 | '분석'의 의미를 오해하고 있지 않으십니까?

만 전문적인 기술을 필요로 하는 높은 수준의 분석이 아니라면 이 정도로도 충분하다.

후: 그런데 시바사키씨, '이 방식이 익숙해지면'이라고 하셨는데, 익숙해지기 위한 본인만의 노하우가 있나요?

토: 네. 신문기사나 광고를 이런 관점에서 보는 것이 도움이 됩니다. "90%가 만족이라고 답했습니다.", "독자 모델 300명이 실제로 사용하고 있습니다."와 같은 문구를 사용하는 화장품 광고를 예로 들어보겠습니다.

키: 스킨케어 광고는 대부분 그런 식의 문구를 사용하고 있죠.

토: 네, 이 홍보 문구에 아까 말씀드린 실수와 비율의 개념을 적용시켜 볼 수 있습니다. 90%라는 수치는 조사 대상자 몇 사람 중에서 90%일까요?

키: 아, 그럼 독자 모델 300명이라는 수치를 제대로 보려면 전국에 독자 모델이 몇 명 있는지를 파악해서 비율을 계산해서 봐야겠군요.

토: 맞습니다. 아마 300명이 놀랄 만큼 적은 수라는 것을 알 수 있을 것입니다.

나: 아무래도 광고에서는 긍정적인 숫자를 사용할테니까요. 그러고 보니 광고 기사에는 맨 아래에 작은 글씨로 주석을 자주 달

아 놓더라고요. 그 부분까지 꼼꼼하게 읽어보면 실제 내용을
파악할 수 있을 때도 많겠어요.

토: 네. 숫자를 보여주는 쪽은 가능한 긍정적인 숫자를 보여주려
합니다. 그러니 읽는 사람은 이렇게 생각하는 습관을 들이는
것이 중요합니다.

5. '분석 = 계산'이라는 큰 착각

그날, 키무라는 일찍 퇴근 후 치하루와 단골 선술집에 갔다.

키무라는 화려한 겉모습과는 어울리지 않게 고급 레스토랑이나 술집을 잘 모른다. 치하루가 선술집 데이트에 불만을 가질 수 있겠다 싶지만, 치하루는 그다지 신경 쓰지 않는다. 오히려 재미있어하는 편이다. 어쩌면 이렇게 서로 힘겨루기를 하지 않기 때문에 두 사람의 관계가 계속되고 있는지도 모른다.

치: 오늘 이런 얘길 들었는데,

키: ?

치하루는 친구의 이야기를 시작했다.

친구가 일하고 있는 회사가 경영난에 빠졌다. 한 명의 스타플레이어가 퇴사하는 바람에 그렇게 되었다고 한다. 그 스타플레이어는 데이터 분석 전문으로, 회사에서 크게 활약하던 사람이었다. 그런데 갑자기 다른 회사에 채용되어 공백이 생겨버린 것이다.

🧑 **키:** 음, 자주 있는 일이지.

👩 **치:** 중요한건, 그 회사는 간단한 분석이나 자료 만들기도 그 사람에게 전부 일임하고 있었다는 거야. 규모가 크지도 않은 매출 추이나 경향 분석까지 전부 다.

🧑 **키:** 근데, 나처럼 그런 걸 잘 못하는 사람도 많으니까 그건 그것대로 좋은 거 아닌가? 그 스타플레이어 인기 많았겠네.

👩 **치:** 응. 나도 사실은 그렇게 생각했지. 하지만...

치하루는 이 이야기를 같이 들은 상사가 그녀에게 한 말을 그대로 키무라에게 전했다. 치하루에게는 이 이야기가 매우 신선했기 때문이다.

🧑 **키:** 그래서? 그 상사가 치하루한테 뭐랬어?

👩 **치:** "업무 분석이란 본래 그 업무를 맡은 사람이 자신의 머리를 사

용해서 하는 것이잖아?"라고 했어.

키: …

치: 난 그 이야기를 듣고 놀랐어. 분명 스타플레이어가 있다면 기업 입장에선 좋겠지. 하지만 한 사람의 능력에만 너무 의존하는 것은 매우 위험할지도 몰라.

키: …

치: 스스로 생각할 수 없는 사람은 결국 아웃이라는 말이잖아.

키: 예전부터 든 생각인데...

치: 응?

키: 치하루는 진짜 너무 성실하게 일하는 것 같아.

치: 그거 칭찬이야? 아니면 놀리는 거야?

키무라는 질문에 바로 대답하지 못하고 테이블 위에 있는 샐러드 접시로 젓가락을 옮겼다. 최근 현재 중학생 4명 중 1명은 숙제를 인터넷에서 검색하여 그대로 베낀다는 기사를 읽었던 일이 생각났다. 비단 중학생만의 이야기는 아닐 것이다. 스스로 생각하지 못하는 사람, 문제를 해결하는 시점이 몸에 배어 있지 않은 사람이 이 사회에 넘쳐난다. 키무라 입장에서 생각해 보면 앞으로 '생각하지 않는 동료'가 늘어난다는 것일지도 모른다.

치: 그러고 보니, 그때 그 수학왕은 어때? 지금도 힘들게 해?

키: 어? 아니 뭐 별로...

치: 그런 사람은 분석도 잘 할 거야. 복잡한 계산을 척척해가면서.

키: 아니 그건 아냐.

치: 응?

키: 나도 원래 '분석'을 뭔가 복잡한 계산이나 꼼꼼한 작업이 필요한 어려운 일이라고 생각했거든?

치: 응, 그게 맞는 거 아냐?

키: 그런데 그 사람이 하는 거 보면 뭔가 달라.

치: 흠, 하지만 수학왕은 내가 모르는 이론이나 공식을 사용해서 이야기를 파악하거나 그러지 않아? 상당히 심도 있게 말이야.

키: 아니, 진짜 달라.

치: ...?

키: 그러니까, 수학이 중요한게 아니라고 해야하나? 복잡한 계산은 거의 없어. 그 사람 태도가 별로이긴 하지만, 가만히 설명을 듣다보면 수포자인 나도 거의 이해할 수 있을 정도야.

치하루는 키무라의 다음 이야기를 계속 기다리고 있었다.

이런 주제로 이렇게 진지한 표정을 하는 일은 지금까지 키무라에게 없었기 때문이다.

치하루는 자세하게는 모르지만 그에게 어떤 변화가 일어난 것이라고 생각했다.

🧑 키: 음... 나도 잘은 모르지만 이런 게 아닐까? 분석은 계산이 아니야. 분석은 생각하는 것이고, 숫자나 계산은 분석을 위한 '도구'에 지나지 않다는 거지.

👩 치: 무... 무슨 일이야, 갑자기 왠지 사람이 좀 변한 것 같은데?

🧑 키: 아... 나도 잘은 모르겠어. 하지만 말하자면 그런 느낌인 것 같더라.

👩 치: 뭔가 있어 보이는데?

🧑 키: 그거 칭찬이야? 아니면 놀리는 거야?

치하루는 그 질문에 답하지 않고 테이블 위에 남아 있는 치킨을 입안 가득 넣었다.

토모카의 원 포인트 어드바이스 ❸

비즈니스에서 ○○단가, ○○지수와 같이 나눗셈을 활용하여 분석하는 일은 매우 많습니다. 그런 의미에서 '나눗셈'을 활용할 수 있다면 비즈니스 숫자를 잘 다룰 수 있는 기초 개념이 잡혀 있다고 할 수 있습니다.

예를 들어, 인터넷에서 어느 화장품 브랜드 상품에 아래와 같은 인상적인 문구가 사용되고 있다고 합시다.

『**이 상품은 4.5초에 1개씩 팔리고 있습니다.**』

이는 실수를 그대로 사용한 것이 아니라 나눗셈을 하여 기준을 만들고, 그 결과값을 선전문구로 사용하는 것입니다. 여러분은 이런 문구를 보자마자 순식간에 '어떤 계산으로 나온 결과일까?'를 파악하고, 나눗셈을 하기 전에는 어떤 숫자였는지를 찾아야 합니다. 이렇게 사고하는 습관이야말로 '숫자에 강한 사람'이 되기 위한 지름길입니다.

덧붙여 말하면 위의 예시는 연간 약 700만 개가 팔렸다는 것과 같습니다. 생각한 답과 비슷한가요?

제5장

엑셀로 만든 그래프를 그대로 사용하고 있지 않습니까?

팀장님, 그렇게 하니까
일이 느린 겁니다.

1. | 정말 말로만 설명해도 충분할까?

발표 자료는 의미가 없을까?

 키: 아~ 귀찮아 죽겠네.

BRIGHT STONE의 사무실에서 투덜거리는 소리가 들렸다. 키무라는 지금 내년 S/S 컬렉션에 기용할 모델을 준비중이다. 패션 계에서는 브랜드 이미지에 맞는 모델을 찾는 것이 중요하다. 대중에게 TV나 잡지에서 보여지는 모델은 곧 브랜드 이미지이기 때문이다. 그렇기에 절대로 아무 모델이나 쓸 수 없다.

그런데 키무라는 도대체 무엇이 귀찮다는 걸까?

🧑 **콘:** 무슨 일 있으신가요?

🧑 **키:** 차기 모델 관련해서 부장님께 드릴 자료를 만들고 있어요. 근데 나는 이런 거 잘 못하거든요. 엑셀로 데이터를 정리하거나 파워포인트 발표자료 만드는 거요.

🧑 **콘:** 저도 파워포인트는 잘 못합니다. 일단 시작하면 끝이 없어요. 세세한 부분까지 신경 써야 돼서 시간이 상당히 많이 드는 편입니다.

🧑 **키:** 아니, 내가 말하는 건 그런게 아냐.

🧑 **콘:** 네?

🧑 **키:** 이런 자료 없이 말로 설명해도 충분하다는 말입니다.

키무라는 예전부터 자료 만드는 것이 서툴렀다. 그래서 자료를 만들바에는 만나서 말로 설명하면 된다고 믿었고, 지금까지 항상 그렇게 해왔다. 하지만 이번 건은 쉽게 결정할 수 있는 것이 아니었다. 그래서 확실하게 상대방을 납득시킬 수 있는 프레젠테이션이 필요했다.

옆에서 두 사람의 이야기를 듣고 있던 나나도 대화에 끼어들었다.

🧑 **나:** 그럼 팀장님, 이 자료는 왜 만드세요?

🧑 키: 그 사람이 하라고 하도 잔소리를 해서...

👩 냐: 아... 시바사키씨...

🧑 콘: 이건 다른 얘긴데, 시바사키씨가 만든 자료는 참 이해하기 쉽지 않아요?

👩 냐: 맞아요! 왠지 어려운 내용이 쓰인 자료를 만들어 올 것 같았는데 완전히 반대였어요.

🧑 콘: 네. 어떤 요령이 있는 게 분명해요.

🧑 키: 흠. 그래프나 표는 어차피 무언가를 설명하기 위한 보조 자료에 불과해요. 중요한 건 다 말로 설명할 수 있다고.

👩 냐: 팀장님은 역시 말로 하는 걸 더 잘하시니까요.

🧑 키: 훗. 나에겐 수학왕에겐 없는 열정이 있죠.

　누구에게나 업무에 대한 열정, 그리고 자기 생각을 구두로 전달하는 능력은 필요하다. 하지만 정말로 키무라의 생각이 맞을까? 지금까지 다양한 회의에서 토모카의 말을 듣고 의사 결정을 해온 후쿠시마 부장은 키무라의 발표를 어떻게 받아들일까?

　토모카가 자리로 돌아왔고, 나나와 콘도는 다시 일을 시작했다. 조금 더 이야기를 하고 싶었던 키무라는 작은 소리로 한숨을 쉬었다.

열정만 있으면 된다고?

토: 그러고 보니 팀장님, 모델 건에 대해서 부장님께 보고하시죠?

키: 아, 오늘 저녁에 합니다.

토: 그렇군요. 어떤 계획인가요?

키: 오, 질문 잘했어요. 시바사키씨, 20대 후반 여성에게 인기 많은 모델이 누군지 알아요?

토: 아뇨.

키무라는 자신감에 차서 이야기를 시작했다.

키: 학교 후배가 광고 회사에서 근무하고 있어서 살짝 물어봤어요. 이 정도 데이터라면 괜찮다고 하네요. 우선 6명의 후보를 찾았는데, 개인적으로 그중에서 시게하라 유리가 베스트라고 판단했어요. 외모도 뛰어나고, 여성에게도 인기가 많다는 게 숫자로 증명됐거든요.

토: …

키: 그리고 우리처럼 20대 후반을 메인 타깃으로 하는 브랜드 중에는 외국인 모델을 사용하는 브랜드도 있고, 자국인 모델을 사용하는 브랜드도 있어요. 조사해 봤더니 자국인 모델이 압

도적으로 많더라고요. 게다가 우리 경쟁 브랜드도 지금 외국인 모델을 자국인 모델로 바꾸는 브랜드도 몇 개 있다고 해요. 어때요? 이걸 보면 이제 우리도 자국인 모델로 바꿔야겠죠?

토모카의 시선이 어느 순간부터 자신을 쳐다보지 않고 있는데도 키무라는 전혀 눈치채지 못했다.

토: ... 말씀 끝나셨어요?

키: 응?

토: 연설 다 하셨냐고요.

키: 내 말을 듣기는 했어요?

토: 네, 잘 들었습니다. 들으면서 '부장님이 이것저것 물어보실게 많겠군' 하고 생각했습니다.

키: 아, 그건 뭐 항상 그랬으니까요.

토: 항상...

키: 알겠다! '숫자'가 들어간 자료가 없어서 그러는 거죠? 자료는 이미 만들어 놓았어요. 설명만으로도 충분하지만 자료도 만들어서 보여드릴 예정이니 문제없을겁니다.

토모카는 다른 일이 있어 저녁 회의에는 참가하지 않을 예정이었다. 키무라는 토모카가 없는 게 더 편하다고 내심 생각했다. 그래서일까, 이번에는 묘하게 자신감이 생겼다.

토: 그렇습니까? 그럼 잘 부탁드립니다. 그런데 한 가지...

키: 응? 뭐죠?

토: 오늘 부장님이 좀 바쁘신 것 같아요.

이때 키무라는 이 말의 의미를 이해하지 못했다.

2. | 실패하는 프레젠테이션의 전형적인 패턴

메시지가 전달되지 않는 자료

그날 오후, 키무라는 모델 건에 대해 협의하고자 후쿠시마 부장을 찾아갔다.

🧑‍💼 **후:** 아, 오늘이 그 안건 논의하는 날이군요. 알겠어요. 바로 갈 테니까 회의실에서 봅시다.

👩 **키:** 네 알겠습니다.

키무라는 회의실에서 기다렸다. 하지만 5분이 지나도 후쿠시마 부장은 오지 않았다.

영업 총괄이면서 동시에 다양한 사업 부문을 겸직 하고 있는 후쿠시마 부장은 항상 바빴다.

패션 업계의 일은 매우 다양하다. 경영 총괄로 폭넓은 업무를 담당하며 경력을 쌓는 경우도 있고, 판매원, 디자이너, 광고홍보 등 특정 분야에 특화된 커리어를 쌓는 사람도 있다.

키무라는 회의실에 앉아 하품을 하며 멍하게 있었다. 후쿠시마 부장이 헐레벌떡 회의실로 들어왔다.

🧑‍💼 **후:** 아, 미안해요. 오늘 일이 너무 많아서 정신이 하나도 없네요.

🧑 **키:** 괜찮습니다. 그럼 차기 모델 기용 안건 시작하겠습니다.

🧑‍💼 **후:** 네. 시작하세요.

후쿠시마는 이렇게 대답하며 슬쩍 시계를 쳐다보았다.

키무라는 조금 신경이 쓰였지만, 일단 후쿠시마에게 만들어온 자료를 내밀었다. 한 장 짜리 자료에 3개의 그래프가 있었다. 다양한 안건을 다루는 큰 회의가 아니라면 설명 자료는 1장으로 충분하다는 토모카의 조언에 영향을 받은 것이었을지도 모른다.

🧑 **키:** 자료는 광고 회사에 근무하고 있는 지인에게 부탁해서 받은 정보를 기반으로 작성했습니다. 우선 첫 번째 그래프처럼, 우

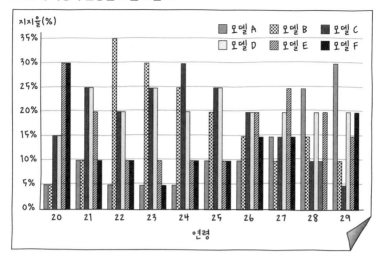

리의 주요 고객인 20대 후반은 모델 D에 대한 호감도가 높습니다. 그렇기 때문에 앞으로 이 모델을 기용해야만 합니다. 덧붙여서 말하자면 모델 D는 시계하라 유리입니다!

후: 미안하지만 내용을 알기 힘든 그래프네요. 29세에게는 모델 A가 인기가 많은 것 같은데, 어째서 A는 안 되나요? 게다가 연령마다 차이는 있지만 모델 B나 모델 C도 호감도가 상당히 높아요. 이 모델들은 안 되나요?

키: 그게 아니라, 우리 브랜드의 고객은 20대 후반이 중심이기 때문에 그 부분만 보시면 됩니다.

후: 그전에, 도대체 왜 모델을 바꿔야 한다는 거죠? 현재의 외국인

모델은 안 되나요?

키: 네. 요즘 일본인 모델을 사용하는 쪽에서 인지도나 로열티가
높아지는 경향이 있습니다.

후: 흠, 무슨 근거라도 있나요?

키: 네, 우리의 경쟁 브랜드인 X와 Y의 데이터를 갖고 왔습니다.

◎ 경쟁 브랜드 X와 Y의 인터넷 검색 횟수

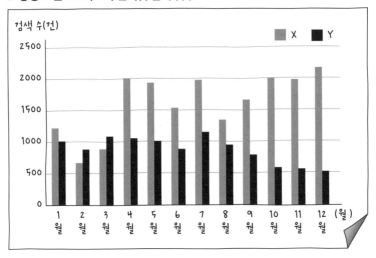

후: 이건 도대체 무슨 데이터죠?

키: 인터넷 검색 수입니다. 인기나 인지도를 측정하는 지표라고 생
각하면 이해되실 겁니다.

키무라 나름대로 숫자가 없는 부분을 채우기 위해 근거가 될 만한 숫자를 찾아온 듯하다. 분명히 인지도가 높을수록 브랜드명의 검색수가 많을 것이라고 예상할 수 있으니 이런 방식의 접근도 아주 나쁘다고 볼 순 없다.

후쿠시마가 다시 슬쩍 손목시계를 봤지만, 키무라는 눈치채지 못했다. 분명 자신이 만든 자료를 설명하느라 머리가 복잡했을 것이다.

후: 흠… 계속하세요.

키: X는 4월에 검색 빈도가 크게 늘었습니다. 놀라운 것은, 실제 이 시기에 카탈로그나 광고에 기용한 모델을 외국인에서 자국인으로 바꿨다는 것입니다.

후: 그런데 그 이유만으로 한정 지을 순 없겠죠. 지금 우리 브랜드는 모델을 바꾸는 것보다 더 중요한 업무가 많지 않나요?

키: 아니요, 모델 기용은 매우 중요합니다. 이런 데이터도 있습니다.

키무라는 3번째 그래프를 가리켰다.

후: 이건 뭐죠?

키: 패션 브랜드를 알리는 데 영향을 주는 요인을 조사한 데이터

◎ 패션 브랜드를 떠올리게 하는 요인

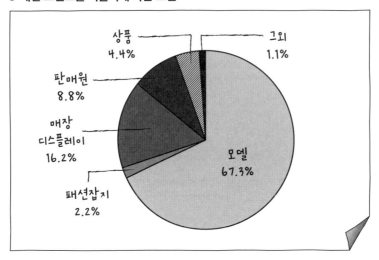

입니다. 이 자료는 리서치 회사 사이트에서 가져왔습니다. 패션 브랜드의 인지도를 높이는 요인은 실제 상품이나 매장의 디스플레이, 혹은 판매원도 아닙니다. 보시는 것처럼 모델이 압도적입니다.

후: 그래. 대충 상상은 되네요. 그런데 매장 진열도 16%? 무시할 수 없겠는데요? 오히려 유명 모델을 기용하지 않아도 이런 방법으로 좋은 이미지를 만들어 가는 게 더 중요하지 않겠습니까?

키: 그 부분도 분명 부정할 순 없습니다만...

후: 미안한데, 내가 또 회의가 있으니 다음에 다시 합니다. 뭔가 좀 개운치 않은 느낌이라 정리가 좀 필요하겠어요.

3.

나쁜 것은
상대방이 아니라 당신

의사결정을 하는 상대방을 생각하라

다음날 아침, 키무라는 매우 기분이 좋지 않았다. 출근 후 아무 말 없이 자리에 앉아 컴퓨터를 켰다. 옆에서 작업하고 있던 토모카가 컴퓨터를 보면서 키무라에게 물었다.

토: 모델 건은 통과 되었나요?

키: …

토: … 팀장님?

버튼이 눌린 키무라는 자기 이야기를 마구 쏟아내기 시작했다.

어젯밤부터 매우 짜증이 나 있었던 것 같았다.

🧑 **키:** 근데 말이야, 상사는 부하의 얘기를 듣고 의사 결정을 하는 게 일 아닌가? 도통 뭐 하자는 건지. 회의에 늦게 들어와서 내가 말할 시간이 줄어들었고, 설명하면 꼬치꼬치 하나부터 열까지 계속 지적질만 하고. 아무리 생각해도 지금 자국인 모델로 바꿔야 하는데 말이죠. 패션 업계에서 조금만 일해보면 이 정도 일은 알 수 있다고요. 애초에 부장님은 이쪽에 감각이 없어서 문제야! 말이 안 통하니까 자꾸 불필요한 대화나 자료가 필요한거잖아요!

👨 **토:** …

토모카는 아무 말도 하지 않고 키무라를 가만히 쳐다보고 있었다. 토모카의 찌푸러진 미간을 본 키무라는 말이 좀 지나쳤다고 생각했다. 하지만 굳이 했던 말을 주워담지 않았다.

👨 **토:** 팀장님, 틀렸습니다.

🧑 **키:** 뭐라구요?

👨 **토:** 지금 팀장님이 말한 것은 전부 틀렸습니다.

🧑 **키:** …!

토모카가 의자를 끌고 와 키무라와 마주 앉았다. 그 얼굴에는 분명 '화났음'이라고 써 있었다. 토모카가 이런 표정을 하고 있는 것은 이 회사에 와서 처음이었다.

토: 팀장님은 세 가지 실수를 하셨습니다. 우선 첫 번째, 상사는 항상 시간이 부족한 사람입니다. 그러니 그것을 예측하여 업무를 계획해야 합니다. 제가 팀장님께 말씀드렸죠? 오늘은 부장님이 바쁜 것 같다고.

키: …

토: 두 번째, 상사가 자잘한 일까지 간섭하는 것은 당연합니다. 그것이 상사가 할 일입니다. 왜 그런지 아십니까? 그건 팀장님을 위해서도 부장님 자신을 위해서도 아닙니다. 잘못된 판단으로 인해 회사의 모든 직원이 어려움을 겪지 않도록 하기 위한 것입니다.

키: …

토: 세 번째, 부장님이 패션을 모른다고 하셨죠? 그럼 팀장님은 부장님이 평소에 어떤 업무를 하고 계시는지 다 알고 계신가요?

키: …

토: 패션 회사이니까 누구나 패션에 해박해야 한다는 생각은 팀장님의 이상한 자부심일 뿐입니다. 오히려 회사에서 패션에 정통

한 사람이 팀장님 뿐이고, 팀장님이 다른 사람에게는 없는 지식이나 센스를 갖고 있다면 그것을 다른 사람들에게 이해시키는 것이 중요하지 않을까요? 전달하기 어려운 것을 알기 쉽게 전달하여 납득시키는 것이 훌륭한 프레젠테이션이고요.

자부심이 강한 키무라도 토모카의 말에 반박할 수 없었다. 아무리 생각해도 비즈니스로 본다면 토모카의 말이 맞기 때문이다. 앞으로 리더로서 회사를 이끌어가거나 매니지먼트를 하고사 한다면, 이런 관점 없이는 미래가 불투명할 뿐이다.

상대방의 발언에서 문제점을 찾는다

🧑 **키:** 결국 시바사키씨가 하고싶은 말은...

🧑 **토:** 네, 잘못은 부장님이 아니라 팀장님이 하셨습니다.

🧑 **키:** 역시... 고약하게 직설적이네요.

🧑 **토:** 하지만 아주 다 틀린건 아닙니다. 이번 팀장님의 프레젠테이션 방법이 문제였던 것이죠.

🧑 **키:** 제가 어떻게 했어야 했나요?

🧑 **토:** 프레젠테이션 하실 때, 부장님께서 말씀하신 것 중에 신경 쓰인 부분이 있었습니까?

　키무라는 잠시 생각한 후 두 개의 단어를 말했다. 처음에 그래프를 보여줬을 때 '알아보기 힘든 그래프'라고 말한 것, 그리고 '그전에'라고 말하며 키무라의 말을 끊는 것 같은 인상을 주었던 말이었다. 그리고 '도대체'라는 말을 몇 차례 했던 것도 떠올렸다.

🧑 **토:** 이러니까 팀장님이 업무가 느린 겁니다.
🧑 **키:** 어쩜 이런 말을 아무렇지도 않게 하는 거야...?
🧑 **토:** 팀장님의 프레젠테이션은 아마 두 가지가 문제였을 것 같네요.

　토모카는 간단한 메모를 키무라에게 내밀었다.

◎ 후쿠시마 부장의 말은 무슨 의미였을까?

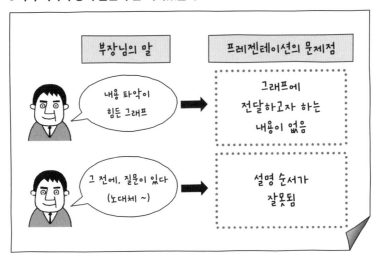

제5장 | 엑셀로 만든 그래프를 그대로 사용하고 있지 않습니까?

4. 이 그래프로 전달하고 싶은 메시지는 무엇일까?

그래프에서 전달하고 싶은 메시지를 생각한다

토모카는 먼저 가장 기본적인 것부터 시작하기로 했다. 프레젠테이션의 기본은 누구에게 무엇을 어떻게 전달해야하는지 아는 것이다.

토: 팀장님의 프레젠테이션이 가진 문제의 공통점은 무엇일까요?

키: ... 모르겠는데...

나: 음... 유창하게 표현할 줄 모르고, 틀릴 수도 있겠지만...

토: 네, 시마다씨 말씀해 주세요.

나: 상대방을 배려하지 않았다...는 그런 느낌이 들어요.

🧑‍💼 **토:** 맞아요! 아주 좋습니다.

프레젠테이션은 자기만족을 위해 하는 것이 아니다. 상대방이 꼭 알아야 하는 정보를 상대방이 알기 쉽게, 상대방을 위하여 전달하는 행위이다. 이번 키무라의 프레젠테이션은 상대방을 배려하지 않았다.

🧑‍💼 **토:** 첫 번째 문제점은 그래프입니다. 이빈에 부징님께 설명하실 때 어떤 그래프를 사용하셨죠?

🧑 **키:** 아, 처음에는 이 그래프요.

🧑‍💼 **토:** 여러분, 이 그래프를 보고 어떤 메시지를 읽으실 수 있나요?

🧑 **키:** 메시지라...

👥 **나, 콘:** ...

🧑‍💼 **토:** 그렇습니다. 이 그래프는 도대체 무슨 말을 하고 싶은 것인지가 전혀 전달되지 않습니다. 다양한 해석이 가능한 그래프이기 때문입니다. 정보가 너무 많아서 상대방은 무엇을 보면 좋을지 알 수 없습니다.

🧑 **키:** 하지만 구두로 설명도 하니까 이 정도면 괜찮은 거 아닌가?

🧑‍💼 **토:** 그럼 구두로 설명하면 되는데 굳이 왜 그래프를 왜 쓰나요?

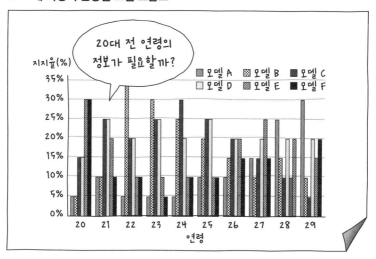

◎ **20대 여성의 연령별 모델 호감도**

'그래프를 쓰라고 계속 잔소리했잖아!'라고 말하고 싶은 마음을 꾹 참으며 키무라는 이렇게 말했다.

키: 그래프가 없는 것보다 있는 편이 전달하기 쉬우니까요.

토: 그럼 이번 프레젠테이션에서 이 그래프가 팀장님이 전달하고자 하는 내용을 전하는데 도움이 되었나요?

키: 그건...

토: 분명히 말씀드리는데, 엑셀을 사용하여 만든 그래프를 그대로 복사하여 자료로 사용하는 것은 업무 태만입니다. 아무 생각 없이 단순한 작업을 했다는 말이니까요.

키무라는 뜨끔했다. 지금까지 어떤 그래프를 사용하면 좋을지를 생각해본 적이 없고, 그래서 실제로 엑셀로 만든 그래프를 그대로 사용한 것이 대부분이었기 때문이다.

토: 20대 후반에 대해서 설명을 하고 싶었던 것이라면, 그에 따른 숫자와 그래프만 보이도록 하면 됩니다. 그렇지 않으면 상대방의 시선이나 생각이 다른 숫자에 영향을 끼치게 되고, 쓸데없는 이야기가 나오게 되니까요.

콘: 한마디로 말하자면 쓸데없는 숫자를 보이지 말라는 거군요.

토: 맞습니다. 이 자료는 원 그래프를 사용할 수도 있겠네요.

◎ 패션 브랜드를 떠올리게 하는 요인

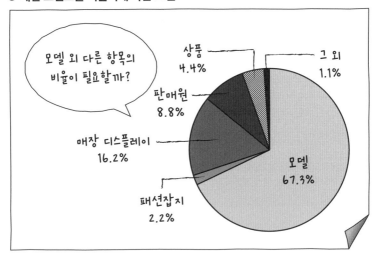

🧑 나: 모델의 중요성 설명을 위한 그래프는 어떤 형태를 사용하면 좋을까요?

👨 토: 팀장님, 이 그래프로 전달하고 싶은 메시지는 무엇입니까?

🧑 키: 그건 물론 패션 브랜드를 상기시키는데 약 70%가 『모델』이라는 것이죠.

👨 토: 그 외에는 없을까요?

🧑 키: 네.

👨 토: 그렇다면 쓸데없는 숫자는 보여주지 않아도 되겠죠.

🧑 키: 그렇군요. 그러니까 그래프를 보여 드렸을 때 부장님이 곧바로 여기 보이는 16%에 대해서 꼬치꼬치 캐물었던 거군요.

👨 토: 어떤 정보가 있을 때 끝까지 파고드는 것, 이것이 상사의 업무이기 때문입니다. 하지만 팀장님이 이 정보를 중요한 것이 아니라고 확신했다면 굳이 자료에 남겨둘 이유가 없죠.

프레젠테이션은 상대방을 생각하며 만들어야 한다는 근거가 여기에 있다. 필요하다면 끝까지 파고들어야 한다. 하지만 상대가 불필요한 정보에 주의를 기울이고 있다면, 그것은 파고드는 사람이 나쁜 게 아니라 프레젠테이션 방법 자체에 문제가 있기 때문이다. 키무라는 이제서야 겨우 그것을 깨달았다.

◎ 경쟁 브랜드 X와 Y의 인터넷 검색 횟수

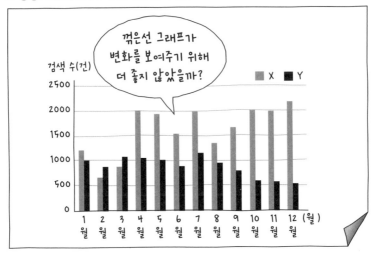

토: 다음, 두 번째 그래프입니다.

키: 응? 이것도 문제가 있어요?

토: 이 그래프에서 전달하고 싶은 메시지는 무엇입니까?

키: 여기에서는 두 가지 X가 4월에 숫자가 훨씬 늘었지만 Y는 7월 이후 가을 실제 판매기와 관계없이 완만하게 감소하고 있다는 것 정도...?

토: 변화나 추이를 표현하고 싶다면 꺾은선 그래프를 사용하는 것이 일반적입니다. 그래야 시각적으로도 알아보기 쉽고요.

키: 막대그래프나 꺾은선 그래프를 구분해서 사용한다는 건 생각해 본 적이 없네요...

토: 필요에 따라 이런 경우 어떤 그래프를 사용하면 좋을지 생각해

보는 습관을 들이면 도움이 됩니다.

5.

자료를 제시하는 순서까지 신경쓰자

숫자는 보이는 순서에 따라 효과가 결정된다

프레젠테이션 그래프 사용 방법에 관한 토모카의 말은 기본이며 당연한 것이다. 하지만 항상 바쁜 업무에 시달리고 있는 비즈니스맨은 이를 종종 잊어버리기도 한다. 그러나 상대방을 생각하는 작은 수고가 프레젠테이션의 성공 여부에 크게 영향을 끼친다. 토모카의 설명은 영업부원 모두에게 이를 확실히 각인시켰다.

🧑 **콘:** 시바사키씨, 그래프의 유의점은 잘 알겠습니다. 그럼 두 번째 문제점은 무엇인가요?

👩 **토:** 두 번째는 설명하는 순서의 문제입니다.

키: 순서를 생각해본 적은 없는데...

 나: 팀장님, 너무 당당하게 생각 안해봤다고 말씀하시는 거 아닌 가요.

토모카는 후쿠시마가 '그전에' 라는 말을 사용했다는 것을 듣고 문제를 알아챘다. 그가 이 말을 한 이유는, 키무라의 이야기를 듣기 전에 해소되지 못한 의문이 있다는 의미였기 때문이다. 발표자가 그 의문을 무시하고 있으니 당연히 문제가 될 수 밖에 없었던 것이다.

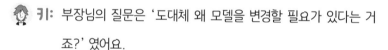

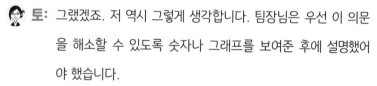

키: 부장님의 질문은 '도대체 왜 모델을 변경할 필요가 있다는 거죠?' 였어요.

토: 그랬겠죠. 저 역시 그렇게 생각합니다. 팀장님은 우선 이 의문을 해소할 수 있도록 숫자나 그래프를 보여준 후에 설명했어야 했습니다.

키: 그러니까, 외국인이 아니라 자국인 모델을...

토: 아뇨. 그게 아닙니다.

키: 응? 뭐가 아니라는 거죠?

토: 외국인인지 자국인인지를 의논하고 싶었다면 그전에 상대방을 납득시켜야 했습니다.

키: ...?

그 순간 콘도와 나나가 거의 동시에 말을 꺼냈다.

나: 혹시...
콘: 어쩌면...

이제서야 이 두 사람은 눈치챈 것 같다. 외국인에서 자국인 모델로의 변경 여부에 대한 의논을 하기 위해서는...

나: 모델의 존재가 우리 비즈니스에 있어서 얼마나 큰 영향력을 갖는가를 우선 설명하기!

옆에 있던 콘도가 고개를 끄덕이고 있었다. 토모카도 살짝 미소 지으며 끄덕였다. 토모카는 다른 종이를 사용하여 익숙한 듯 그림을 그렸다.

토: 이것은 간단한 숫자의 '집합 이론'으로 설명할 수 있습니다.
키: 또 나왔어... 수학...
토: 어렵지 않으니 걱정 안 하셔도 됩니다. 모델을 직업으로 삼는

◎ 효과적 정보 전달 순서

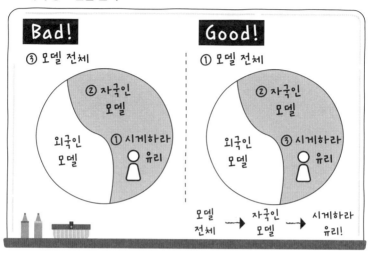

사람의 집합을 그려 보겠습니다. 우선 크게 모델 전체라는 집
합이 있고, 이것은 외국인과 자국인 두 그룹으로 나눌 수 있습
니다. 더욱이 팀장님이 가장 추천하는 시게하라 유리씨는 자국
인 모델 집합에 속해 있습니다.

 키: 네.

토: 자국인 모델 시게하라 유리씨를 기용하겠다는 것을 전달하고
싶다면 ① 모델 선정의 중요성 ② 자국인 모델이 외국인 모델
보다 더 타당한 이유 ③ 그리고 자국인 모델 중 시게하라 유리
씨가 타당한 이유, 이 순서로 설명을 해야 합니다.

나: 진짜 그렇겠네요.

토모카는 본인이 그린 그림에 숫자로 순번을 써넣었다.

🧑 **키:** 그럼 이번에 내가 한 설명은...

👩 **토:** 완전 반대로 하신 겁니다. 그렇기 때문에 '그전에 질문이 있어요'라는 말을 듣게 된 것이죠. 갑자기 모델은 시게하라 유리여야만 한다는 주장을 한다면 '어째서 지금의 외국인 모델이 아니면 안 되는 건가요?'라는 질문을 받게 되는게 당연합니다. 상대방에게 질문을 받을 수밖에 없었던 흐름이었던 것이죠.

🧑 **키:** 그렇군... 지금 생각해 보니 대화의 흐름이 부장님에게 내가 질문을 받는 듯한 느낌이었어요. 그건 상대방을 납득시키지 못한 프레젠테이션이었기 때문이군...

👩 **토:** 그렇습니다. 상대도 팀장님이 무슨 이야기를 하고자 하는지를 어느정도 예상하겠지만, 일반적으로 사람은 일단 질문을 해야겠다고 생각하게 되면 매우 세세한 부분까지 지적하고 싶어지게 됩니다. 그러니 애초에 상대를 그렇게 만들면 안 되겠죠.

의문을 갖지 않도록 보여줄 것

키무라 본인이 말한 것처럼 이번 프레젠테이션은 어느 순간 후쿠시마가 머릿속에 떠올린 의문에 대해서 키무라가 설명하는 식의 흐름이 되어버렸다. 상대방을 설득하는 프레젠테이션이 아니라 오히려 뒷북을 치는 상황이었던 것이다.

결론을 꼭 마지막에 말할 필요는 없다. 결론을 가장 먼저 전달하고, 그 근거에 대해 설명하는 흐름은 상대방이 의문을 품을 수 없는 순서로 진행되어야 한다.

콘: 시바사키씨, 그렇다면 앞으로 우리가 프레젠테이션을 할 때 어떤 것에 주의를 기울이면 될까요?

토: 짧은 시간 안에 프레젠테이션을 끝내는 요령은 상대방이 쓸데없는 질문을 하지 않도록 하는 것입니다. 구체적으로 해야 할 것은 두 가지로, 숫자나 그래프는 필요한 만큼 보여주기, 설명하는 순서 신경 쓰기입니다. 그리고 말할 필요도 없지만 결론은 빠르게!

콘: 네 알겠습니다. 감사합니다!

나: 또 한 수 배웠습니다!

키: 쳇...

6. | 5분 안에 끝나는 프레젠테이션

보여주는 방법이 중요하다

키: 부장님, 잠시 시간 괜찮으실 까요?

후: 아, 어제는 미안했어요. 시간이 별로 없어서.

키: 지금 5분 정도 괜찮으실까요? 어제의 건에 대해 간단하게 다시 설명드리겠습니다.

후: 5분이라... OK. 회의실로 갈까요?

키: 아니요, 여기서도 괜찮습니다.

키무라는 내용이 완전히 바뀐 한 장 짜리 자료를 후쿠시마에게 건넸다.

◎ 패션 브랜드를 떠올리게 하는 요인

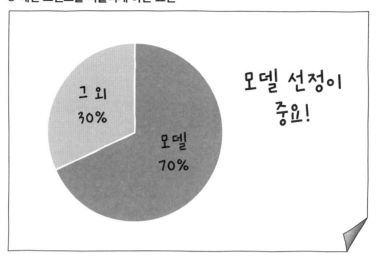

🧑 키: 결론부터 말씀드리면, 차기 카탈로그에 사용할 모델을 시계하
라 유리로 변경하겠다는 것입니다.

🧑 후: 어제도 그렇게 말했죠? 도대체 왜 모델을 바꿔야 하나요?

🧑 키: 네, 바꾸지 않으면 안 됩니다. 알고 계신 것처럼 우선 모델이
란, 패션 브랜드를 상기시키거나, 이미지를 결정하는 매우 중
요한 요소입니다. 이 데이터를 통해 확인할 수 있습니다.

🧑 후: 아, 그렇군요. 그렇다면 어째서 외국인은 안된다고 생각하는
거죠?

◎ **경쟁 브랜드 X와 Y의 인터넷 검색 횟수**

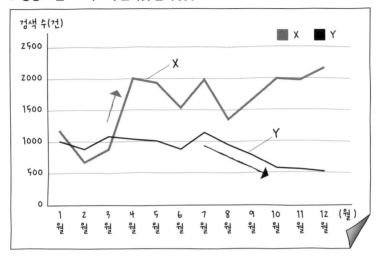

🧑 **키:** 우리와 경쟁하는 브랜드의 시장 동향을 조사해 본 결과, 외국
인 모델을 자국인으로 변경한 후 변화가 일어나고 있었습니다.
구체적인 내용은 이 그래프를 참고해주시기 바랍니다. 이 그
래프는 두 개의 경쟁 브랜드에 관한 검색 수 추이입니다. X는
4월에 외국인 모델을 자국 유명인 모델로 변경하였습니다. 한
편, Y는 7월에 자국인 모델을 외국인 모델로 변경하였습니다.
Y의 결과는 가을 검색 빈도 침체로 나타났습니다. 이를 기반
으로 결국 친숙한 자국인 모델 쪽이 인지도라는 점에서 우위에
있었기 때문이라고 생각할 수 있습니다.

👨 **후:** 흠... 그렇다고 해도 자국인 아무나를 모델로 기용할 수는 없

◎ 20대 후반 연령별 모델 호감도

		모델						
		A	B	C	D	E	F	
조사대상	27세	15%	10%	15%	20%	25%	15%	100%
	28세	25%	15%	10%	20%	10%	20%	100%
	29세	30%	10%	5%	20%	15%	20%	100%
	합계	23.3%	11.7%	10.0%	20.0%	16.7%	18.3%	100%

지 않습니까?

 키: 그렇기 때문에 누구를 기용하는지를 결정하는 것이 중요합니다. 이 데이터를 보시면, 우리 브랜드의 주 고객층인 20대 후반에게는 모델 A와 모델 D가 적합합니다. 데이터를 보면 A는 연령대가 높을수록 선호하는 경향이 있고, D는 모든 연령대에서 골고루 지지를 받고 있다는 특징이 있습니다. 그렇기에 모든 연령에서 고른 지지를 받고 있는 D를 선택하는 것이 적절하다고 생각합니다.

후: 데이터 D의 모델이 시게하라 유리라는 거군요.

키: 그렇습니다.

🧑 **후:** 큰 틀은 이해했습니다. 그럼 그 방향으로 진행하고 다시 보고해 주세요. 최종적으로 사장님의 결재도 필요하니 지금 보여준 데이터에 틀리거나 빠진 게 없는지 정확히 확인해 주세요. 그리고 시게하라 유리를 기용한 패션지의 판매 동향이나 착용 브랜드의 동향도 조사해 주세요.

🧑 **키:** 알겠습니다.

🧑 **후:** 왠지 평소의 키무라답지 않네요. 인상적입니다.

🧑 **키:** …

🧑 **후:** 키무라군이 변한다는 것은 회사가 변한다는 의미이기도 하지요.

🧑 **키:** …

🧑 **후:** 나는 다음 회의가 있어서. 자, 그럼 부탁합니다.

긴 회의를 좋아하는 사람은 없다. 의사결정 과정에 불필요한 시간끌기를 하고싶은 사람도 없다. 그렇기 때문에 프레젠테이션을 준비한다는 것은 자신뿐 아니라 상대방의 시간을 소중히 여기는 일이라 할 수 있다. 또한 이 일은 궁극적으로 회사의 모든 업무를 순조롭게 진행하는 것과 연결된다.

7. 숫자 다루는 것을 보면 일 못하는 사람을 알 수 있다

저녁 8시 30분, 키무라는 항상 가던 선술집에 있었다. 물론 치하루도 함께.

🙎 치: 있잖아,

🙎 키: 응?

고기 감자 볶음을 입안에 가득 넣고 우물우물 씹고 있던 키무라는 마치 어린아이 같았다. 치하루는 이런 키무라의 모습에 안정감을 느낀다.

🧑 **치:** 없다고 생각했는데 있었어!

🧑 **키:** 응? 뭐가 있어?

🧑 **치:** 수학왕!

　키무라의 젓가락이 잠시 멈췄지만, 이내 다시 움직였다. 치하루의 이야기가 재밌을 것 같다는 기대감을 가지고 고기 감자 볶음을 다시 집었다. 이야기를 듣다가 질문을 해도 되겠다고 생각한 키무라의 속마음까시 치하루가 눈지챌 순 없었다.

🧑 **키:** 아, 치하루네 직장에 있다는 거야?

🧑 **치:** 응. 다른 부서 사람인데 수학 전공이고, 이전 직장에서는 마케팅 업무를 하다가 최근에 우리 회사로 이직했어. 지금은 경영기획실에서 근무하고 있고.

🧑 **키:** 그 경영기획실 수학왕이 무슨 사고라도 쳤어?

🧑 **치:** 아니 전혀. 사고를 칠 수가 없는게, 그 사람이 회의 때 가져오는 자료는 너무 복잡해서 아무도 이해를 못해.

　갑자기 키무라가 젓가락질을 멈췄다.

🧑 **키:** 그 수학왕이 만든 자료에는 어려운 내용이 잔뜩 쓰여 있었다

는 거야?

치: 응. 경영 분석인지 시장 분석인지는 모르겠지만, 무슨 이론이니 무슨 법칙이니 하는걸 잔뜩 갖고 와서 '나는 매우 자세히 분석했다'고 떠드는 느낌이랄까?

키: 흠... 주변 반응은 어때?

치: 당연히 어이없다고 하지. 근데, 별거 아니야. 그냥 그런 사람이 실제로 있긴 있다는 얘길 하고 싶었어.

하지만 말과는 다르게, 치하루는 이야기를 할수록 점점 화가 나는 것 처럼 보였다. 키무라는 일단 듣고 있기로 했다.

키: 힘들었겠네. 그 회의 때문에 스트레스 받았지?

치: 회의 중간에 너무 짜증이 나더라고. 이런 생각이 들더라. 아무리 학문적으로 여러가지 어려운 이론을 공부한 똑똑한 사람이라도 반드시 업무를 잘 하는 것은 아니라고.

키: 음?

치: 이론만 빠삭한 수학왕은 의외로 자료 만들기를 잘 못해. 그래서인지 말이 길어지기도 하고.

키: ...

치: 뭐... 내 생각이 그렇다구.

키무라는 조금씩 이야기에 흥미를 갖기 시작했다. 지금까지 자신은 문과 출신이라 자료 만들기도 서투르고, 간결하게 이야기하는 것도 서툴다 생각했다. 그런데 치하루는 이과 출신 중에도 그런 사람이 있다고 말하고 있지 않은가!

🧑 **키:** 뭔가 이유가 있으니까 그렇게 생각하게 된 거 아냐?

🧑 **치:** 음... 그러니까, 간단히 말해 그런 사람들은 뭔가 자기 세계에 갇혀있다 느낌이 들어.

🧑 **키:** 자기중심적이라는 거지?

🧑 **치:** 응. 실제로 '내가'라는 말을 많이 해. 자신의 지식이나 생각이 옳다는 것을 설명하기 위해 자료를 만들어서 배포하고, 회의에서 쉴 새 없이 말해. 그런데 그 사람이 만드는 자료는 어렵고, 양도 많아. 말할 때도 어려운 말을 사용해서 주절주절 연설하는 것 같이 들려. 듣는 사람 생각을 전혀 하지 않는 것 같다고 해야할까? 숫자를 척척 사용할 수 있다는 것은 알겠는데, 듣는 사람 입장에서는 좀처럼 납득이 되지 않는다는 거지. 듣고 있으면 어리둥절해져.

키무라는 조용히 듣고 있었다. 치하루의 이야기는 오늘 회사에서 했던 이야기했던 것과 비슷했다. 업종·연령·성별 등과 전혀 관계없이, 프레젠테이션에 필요한 공통점은 분명히 있었다.

치하루는 술기운 탓인지 평소보다 더 많은 말을 쏟아냈다.

치: 그래서, 아까 서점에 잠깐 들렸어. 눈에 확 띄는 타이들의 비즈니스 서적이 있더라?

치하루가 가방에서 꺼낸 책에는 이런 문구가 있었다.

"숫자 다루는 것을 보면 일 못하는 사람을 알 수 있다"

치: 제목이 너무 딱이라 사버렸어. 실제로 우리 회사의 수학왕은 머리는 좋을지 모르지만 업무 진행 속도는 꽤 느리거든.

키: … 상관없을지도 몰라.

치: 응?

키: 어쩌면 우리는 무의식중에 문과니 이과니 하는 기준을 세워서 생각하고 있을지도 몰라. 하지만 결국 비즈니스에서 필요한 수학이란 매우 지극히 기본적인 것 아닐까?

치: …

키: 학창 시절의 수학 성적이나, 문과, 이과 출신과 같은 것은 사실 별 의미가 없는 것일지도…

치: 꽤 진지하게 말하네?

키: 지금까지는 안 그랬다는 거야?

치: 아니 관심 있는 줄 몰랐지!

키: …

치하루는 의미심장한 표정을 지으며 음료를 더 주문했다. 오늘 밤은 꽤 오래 술을 마실 것 같았다. 치하루는 새로 산 책을 다시 가방에 넣있다. 책의 띠지에는 이렇게 써있었나.

"문과·이과, 실제로 관계없다!"

토모카의 원 포인트 어드바이스

앞서 프레젠테이션 자료는 가능하면 관련 없는 숫자는 보이지 않게하고, 그래프도 전달하고자 하는 메시지에 관한 정보를 담고 있는 것을 사용해야 한다고 말씀 드렸습니다.

그런데, 이런 의문이 들 수 있습니다.

"상세 수치나 그래프에서 생략된 부분의 데이터를 알고 싶은 사람이 있다면?"

분명 그럴 수 있는 가능성이 있습니다. 이에 대한 대응은 다음과 같이 할 수 있습니다.

① 프레젠테이션의 자료는 매우 간단하게 하고,
② 세부 자료를 별도로 준비해둔다!

이렇게 하면 예상하지 못한 질문에 답할 수 있습니다.

프레젠테이션에서 전달하고 싶은 것이 확실하고 수치가 정확하다면, 보여줄 숫자가 적다는 것이 결코 나쁜 것이 아닙니다. 상세 수치는 요구할 때만, 필요한 만큼, 나중에 보여줘도 됩니다.

최종장

숫자의 힘이
업무를 바꾼다

팀장님, 최근에
좀 바뀐 것 같네요

1. | 75%의 비용 절감이 가능한 방법

비용 절감 & 매상 UP 캠페인!

BRIGHT STONE은 10월부터 내년 초까지 매우 바빠진다. 세 가지 이유가 있다. 첫 번째, 키무라가 각 매장 직원들에게 F/W[5] 시즌 상품의 판매를 끌어올리도록 밀어붙이기 때문이다. 실제로 이 시기는 S/S 시즌 상품에 비해 무거운 의류가 많아 1년 중 가장 높은 매출을 낼 수 있는 시기이다.

두 번째, 연말연시 할인행사 준비 때문이다. 할인 행사는 신규 고객을 얻을 수 있는 절호의 기회이기에 소홀히 할 수 없다. 그렇

---

5 Fall-Winter

기에 행사를 어떻게 진행할지 의논하고 결정하는 것은 많은 시간을 써야 한다.

마지막 세 번째, 차기 S/S 시즌 전시회를 준비하기 때문이다. 대부분의 의류 회사는 12월부터 1월 사이에 차기 제품을 광고한다. 시즌 전시회는 자동차로 치면 신차 발표회와 같은 것으로, 패션 업계에서는 매우 중요한 이벤트이다.

키: 와... 오늘노 밥 시간 놓쳤네...

나: 저도요... 잠시 쉴까요?

콘: 작년에도 이랬었죠?

키: 뭐... 이 시기에는 어쩔 수 없지.

요즘 영업부는 계속 야근 중이다. 매출 촉진에, 할인행사 준비에, 다음 시즌 전시회 준비까지 겹쳐있기 때문이다.

그때, 후쿠시마가 들어왔다.

후: 여러분, 잠시만요.

나: 네!

대답 한 사람은 나나 뿐이었다. 다른 멤버들은 대답할 기운도

최종장 | 숫자의 힘이 업무를 바꾼다

없어보였다.

후: 사장님께서 모든 사원에게 지시하신 사항을 전달합니다.

키: 지시? 지금 너무 바쁜데 더 이상 업무가 늘어나는 건 좀...

후: '비용 절감 & 매출 UP 캠페인'입니다.

키: 네?

후: '비용 절감 & 매출 UP 캠페인'!

콘도와 나나는 넋이 나간 얼굴이 되었다. 촌스러운 이름의 이 캠페인은 이런 내용이었다.

후: 이 시기는 연간 최대의 승부를 내야 하는 시기인 동시에 매우 바쁜 시기입니다. 그래서 여러분의 야근이 늘어나죠. 이는 곧 회사 입장에서는 지출이 많아진다는 뜻입니다.

키: 어쩔 수 없잖아요. 저희도 진짜 열심히...

후: 물론 알고 있어요. 그렇다고 아예 야근 자체를 줄이라는건 아닙니다.

키: 그럼 어떻게...

토: 결국 다른 방법으로 지출을 줄여야 한다는 말씀이시군요.

후: 맞아요. 이 시기에는 지출 관리가 아주 중요합니다.

지출 관리가 기업에 얼마나 중요한지를 굳이 설명할 필요도 없다. 하지만 기업의 영업 등 이른바 '시장 공략' 업무를 하는 입장에서는 지출 문제를 상대적으로 가볍게 여기는 경향이 있다.

어쨌든, 키무라에게 새로운 과제가 주어졌다.

후: 이 건은 키무라군이 맡아서 진행해 주세요

키: 네...? 왜 제가...

후: 사징님께서 특별히 지시하셨어요. 비용 절감이라는게 당장 극적인 성과를 보일 수 없는 일이긴 하지만, 바로 실천할 수 있는 게 있다면 진행해 보세요. 아무리 작은 것이라도 상관없으니까. 그럼 부탁해요!

키: ... 왜 나야...?

토모카의 예상대로였다.

아마 평소대로 였다면 후쿠시마 부장, 혹은 다른 부서가 맡았을 일이다. 토모카는 사노 사장이 키무라의 성장을 중요하게 생각한다고 느꼈다.

비용 절감의 열쇠는 '비율'

🧑 **토:** 팀장님, 비용 절감 방법을 느긋하게 생각하고 있을 시간이 없습니다. 지금 이 순간에도 비용이 발생하고 있거든요. 당장 뭐라도 해보셔야죠.

🧑 **키:** 지금 당장 뭘 하라는 거지?

🧑 **토:** 힌트를 좀 드릴까요?

🧑 **키:** 아뇨. 괜찮거든요?

역시나 예상했던 반응이었다. 하지만 토모카의 얼굴을 쳐다보지도 않던 키무라는 이내 단념한 듯 토모카에게 방법을 물었다. 토모카가 준 힌트가 키무라에게 최고의 선물이 될 것이라고는 생각하지 못했겠지만.

🧑 **토:** '비율'로 생각해 보세요.

🧑 **키:** 그건 힌트가 아니잖아요...

🧑 **토:** 잘 생각해 보세요. 지금 무엇에 얼마나 비용을 지출하고 있는지를 파악하기는 어렵습니다. 아무리 금액을 찾아봐야 정답을 찾을 수 없다는 말입니다.

🧑 **키:** ...

토: 그렇기 때문에 비율로 생각해 보기를 하자는 것입니다. "~를 했더니 x%의 비용을 절감할 수 있었다"같은 방식인 것이죠. 비율이 큰 것 중에 지출을 절감할 수 있는 것부터 해결하면 되지 않을까요?

키무라는 겉으로는 아무 반응도 하지 않았지만, 순간 번뜩하는 게 있었다. 비율로 생각하라는 토모카의 힌트 덕분에 구체적인 대책 하나를 발견한 깃 같았다.

키: 있어요. 바로 실행할 수 있는 한 가지.
토: 네? 무엇입니까?
키: 게다가 절감률은 75%!

키무라는 평소보다 더 의기양양한 얼굴로 함박웃음을 짓고 있었다.

2. | 전 사원을 움직인 숫자의 힘

숫자를 보여주고 의미를 부여한다

다음날 아침, BRIGHT STONE의 전 사원 앞으로 키무라의 메일이 도착했다.

이 메일에 대한 사내의 반응은 매우 좋았다.

메일의 내용은 사실 지극히 당연한 것이었다. 하지만 조금만 노력한다면 지출을 75%나 절감할 수 있고, 자신의 작은 노력이 '75% 비용 절감에 공헌한다'는 사실이 사원들을 적극적으로 움직이게 했다.

후: 키무라군, 오늘 아침 메일 정말 좋았어요. 모두 의식적으로 참

◎ 키무라의 메일

| 제목 | 【중요】비용 75% 절감 캠페인을 해보자구요~ | |

회사의 모든 임직원들께

안녕하세요, 키무라입니다.

앞으로 인쇄를 하실 때, 이렇게 해주세요!
① 2분할, 양면 인쇄 사용. 이렇게 하면 4장 인쇄물을 1장으로 할 수 있습니다.
(종이 값을 75%나 아낄 수 있다구요!)
② 흑백으로 인쇄.
(잉크는 공짜가 아니니까요~)

※단, 외부 제공용 자료는 해당되지 않습니다.

이미 알고 계시겠지만, 야근으로 인한 인건비 증가는 회사 입장에서 중요한
문제입니다. 우리가 업무를 하지 않을 수는 없으니, 비용 절감을 위해 여러분들의
협조를 부탁드립니다.

사실 얼마만큼 절감 효과가 있을지는 모르겠지만, 일단 해보면 좋겠습니다!

한 사람의 작은 노력 × 전 사원 = 비용 절감
$$= 회사\ 이익\ 증가$$
$$= (\text{^}ㅁ\text{^})v$$

영업부 키무라 드림

여하는 것 같아요.

🧑 키: 하하하, 뭘 이 정도 가지고 그러십니까!

🧑 후: 이게 75% 절감이 된다는 게 정말 중요했어요. 잘 생각해 보면 이렇게 간단하게 75%나 절감할 수 있는 또 다른 방법도 있겠네요.

🧑 키: 하지만 종이값 정도는 별것도 아니죠...

🧑 후: 아니, 아니죠. 이런 것을 계속 한다는 게 중요한 거죠!

🧑 키: 사실 구체적인 금액을 따져보면 매우 적은 금액이라 잘 체감되지 않을테니 동참하는 사람이 많지 않을 거라 생각했어요. 하지만 '75%'라는 숫자를 보여주니 반응이 있는 것을 보고, 이게 바로 숫자의 힘이라는 생각을 했습니다.

키무라는 자리로 돌아와 내일 회의 자료를 프린트했다. 당연히 슬라이드 4개를 1장에 인쇄했다. 또한 지금까지 모든 자료를 1장씩 인쇄했던 자신을 돌아보는 좋은 계기가 되었다.

그때 토모카가 돌아왔다.

🧑 토: 메일 잘 받았습니다.

🧑 키: 응? 아... 뭐...

🧑 토: 모두 협조해 주시는 분위기네요.

키: 네 뭐... 그러게요.

 토: 다행입니다.

숫자나 기호는 모두에게 전달된다

 키: ...

토모카에게 고맙다는 인사를 해야겠다고 생각한 키무라는 묘한 긴장감을 느꼈다. 크게 한숨을 들이마시고 '고마워요'라고 말하려고 한 그 때,

 토: 그런데, 메일은 그렇게 작성하시면 안 됩니다.

키: 응?

토: 연차가 꽤 되는 중견 사원이 그렇게 메일을 보내다니... 부끄럽지 않습니까?

키: 그건 내 스타일입니다. 좀 소탈하게 부탁한다는 식으로 메일을 쓰면 다른 사람들도 잘 따라 주지 않을까라고 생각했어요. 이런 일은 분위기를 잘 타는 게 중요하다고요.

🧑 **토:** 분위기는 필요 없습니다. 필요한 것은 논리입니다.

🧑 **키:** 또 시작이구만...

이 대화를 끝으로 두 사람은 아무 말 없이 각자 업무를 하기 시작했다. 모처럼 토모카에게 감사 인사를 할 수 있는 기회였지만, 이 상황에서는 아무래도 무리라고 생각했다.

그때 갑자기 번뜩 무언가 생각이 난 토모카가 키무라에게 말을 걸었다.

🧑 **토:** 그러고 보니 한 가지 말을 빠뜨렸네요.

🧑 **키:** 뭐죠?

🧑 **토:** 메일 마지막에 쓰셨던 공식. 그건 정말 좋았어요. 팀장님의 메시지가 매우 알기 쉽게 전달되었습니다. 기호를 사용한 건 프레젠테이션의 또 다른 방식의 본보기로 사용해도 좋을 것 같습니다.

🧑 **키:** 아, ... 그래... 고... 고... 마...

🧑 **토:** 하지만 제일 마지막에 사용한 이모티콘은 좀 별로였고요.

인건비를 늘리지 않고, 매출을 올리자

인사에도 상관계수를 사용할 수 있다

다음날, 키무라는 '비용 절감 & 매출 UP' 관련 데이터를 보고 있었다. 사장의 지시가 한창 바쁜 지금 쓸데없는 것이라고 생각할 수도 있지만, 한편으론 비즈니스를 하는 이상 당연히 실현시켜야 하는 일이기도 했기 때문이다.

종이 절약 제안 이후, 키무라가 눈을 돌린 것은 매장 직원 배치였다.

최근 수개월간 전국 매장 시찰을 나갔을 때 누가 봐도 인원이 부족한 것처럼 보이는 매장과 직원들이 여유시간을 갖는 매장이 있다는 것을 확인했기 때문이다. 지금까지 매장 직원 정원은 점장의 희망과 매장의 매출 규모로 결정했다. 그런데 생각해 보니 좀 허술한 점이 있었다.

키무라는 전국의 10개 매장 직원의 수와 과거 1년간 매출의 관계를 정리했다.

◎ 매장별 연간 매출 × 직원 누계 인원 (전 매장)

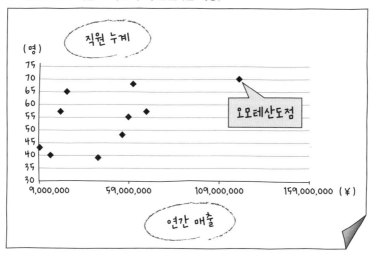

세로 축의 직원 수는 12개월간 실제로 근무한 직원 수의 누계이다. 예를 들어, 12개월간 계속 4명이 근무 했던 점포는 4×12=48인으로 누계를 산출했다. 그 결과가 이 데이터였다. 키무라는 이 데이터를 보며 고민하고 있었다.

◎ 매장별 연간 매출 및 직원 누계

매장	매출 누계	직원 누계
오모레산도점	￥120,000,000	70명
신주쿠점	￥61,000,000	68명
요코하마점	￥21,000,000	57명
나고야점	￥55,000,000	48명
교토점	￥68,500,000	57명
우메다점	￥58,500,000	55명
신사이바시점	￥24,500,000	65명
고베점	￥15,500,000	40명
히로시마점	￥9,500,000	43명
하카타점	￥42,000,000	39명

나: 팀장님, 뭐 보고 계세요?

키: 아아, 매장별 매출과 직원 수의 관계를 보고 있는데... 혹시 인원 배치를 바꾸면 좀 개선이 되지 않을까 싶어서요.

나: 직원 수를 조정하는건가요?

키: 네. 나나씨는 이 자료를 보고 무슨 생각이 들어요?

나나는 자료를 보며 잠시 생각하다가,

나: 시바사키씨가 가르쳐 주신 상관계수를 계산해 보면 어떨까요?

키: 가게의 매출과 직원 수의 상관을? 재밌겠네요.

최종장 | 숫자의 힘이 업무를 바꾼다

키무라는 재빠르게 이전에 토모카가 알려준 엑셀의 함수 '=CORREL( )'을 입력하여 상관계수를 산출해 보았다. 옆에서 콘도의 시선이 느껴졌다.

상관계수 = 0.5894...

키: ... 아... 이게 이렇다고?

콘: '대략' 정적 상관...

나: 응? 이게 뭐죠?

키: 흠, 직원이 많을수록 매출이 높아지는 경향이 있다는 건가? 이 그래프는 분명 그렇게 보이기는 하는데...

나, 콘, 키: ...

세 사람은 같은 생각을 하고 있었다. 사실 이런 결과는 애초에 예측 가능했다. 매출이 큰 곳에 직원을 많이 배치했으니 당연한 일이었다. 하지만...

토: 그럴 땐 어떻게 생각하면 좋을까요?

나: 아! 시바사키씨!

콘: 좋은 타이밍이군요.

키: 흠, 지금 우리도 생각하고 있었어요.

토: …

키: … 아 그렇지!

토: 알아내셨습니까?

키: 거꾸로 생각하기!

가설을 만들어 데이터를 읽는다

키무라는 알아챘다.

지금까지 예측한 매출 규모에 따라 직원 수를 결정했다. 그럼에도 실제 매출과 인원 수 사이에서 '강한' 정적 상관은 보이지 않았다. 이를 거꾸로 생각해 보면, 많은 인원을 배치했음에도 매출이 그다지 높지 않은 점포가 있고, 적은 인원임에도 생각보다 매출이 높은 점포도 있다는 말이 된다.

콘: 그렇구나.

나: 진짜 그렇네요.

토: 상관계수를 보면 그렇게 '가늠'해 볼 수 있습니다. 다시 그래프를 확인해 보면 구체적으로 어떤 매장 주목해야 하는지 알 수 있습니다. 팀장님이 만든 그래프를 조금 더 연구해 보면 좋을 것 같아요.

키: 연구를 더 해보라고요?

토: 네. 데이터를 보면 한 곳의 매장이 다른 매장들과 달라요.

키: 오른쪽 위에 있는 데이터를 말하는 건가요? 이것은 오모테산도점인데?

토: 네, 이런 데이터는 따로 분석해 보면 보다 더 파악하기 쉬워집니다. 저라면 이렇게 하겠습니다.

    토모카가 조금 보충하여 그래프를 수정했다. 우선 오모테산도점의 데이터를 제외하고, 그래프를 크게 4분할로 보이게 빨간색 점선을 그려 넣었다.

◎ 매장별 연간 매출 x 현재 직원 수 (오모테산도점 제외)

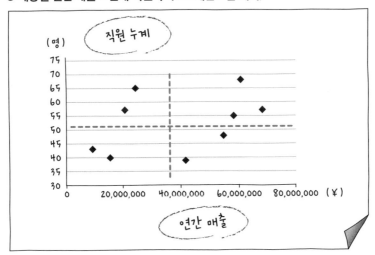

최종장 | 숫자의 힘이 업무를 바꾼다

4. | 숫자로 결정한 이례적 인사이동

데이터를 말로 표현해 본다

이 그래프에서는 분명히 '대략' 정적 상관이 있다는 것을 이미지로 파악할 수 있었고, 어떤 매장에 어떤 경향이 있는지 파악하기 쉬웠다.

> **토:** 자세하게 한 매장씩 살펴볼 필요는 없습니다. 매출 규모와 인원 수의 많고 적음으로 분류하기만 해도 충분합니다.

> **키:** 근데... 이런 그림 어디선가 본 것 같은데...

> **토:** 기억나세요? 상관계수가 어떤 논리로 정해지는지를 설명했을 때...

스태프 인원수가 많고, 잘 팔리지 않는 매장(요코하마점, 신사이바시점)	스태프 인원수가 많고, 잘 팔리는 매장 (신주쿠점, 교토점, 우메다점)
스태프 인원수가 적고, 잘 팔리지 않는 매장(고베점, 히로시마점)	스태프 인원수가 적고, 잘 팔리는 매장 (나고야점, 하카다점)

키: 맞아요. 그때도 4개의 영역으로 나누어 생각했어요.

토: 네, 시각적으로 4분할 했을 때 쉽게 알 수 있습니다. 우선 이 4개 영역의 특징을 각각 말로 표현해 보시겠습니까?

키: 오른쪽 윗부분은 매출이 높고, 직원 수도 많네요.

토: 그렇습니다. 다른 곳도 마찬가지로 생각해 보면 이렇게 됩니다.

키: 알겠다! 문제는 매출이 적은 점포이니 좌측에 있는 매장의 데이터를 먼저 보면, 좌상단에 속하는 요코하마점과 신사이바시점은 매출에 비해 직원이 많은 것이군요.

나: 그 정도의 직원이 필요하지 않다는 의미겠네요.

키: 맞아요. 그리고 좌하의 부분에 들어가 있는 고베점과 히로시마점은 직원이 적고, 매출도 낮아요.

콘: 이것은... 거꾸로 생각해 보면 직원이 적어서 판매 기회 손실이 생길 수 있다는 의미겠네요.

토: 저도 여러분과 같은 생각입니다. 우측의 다섯 개 점포는 매상

이 좋다는 의미에서 현재 문제는 없다고 생각해 봅시다. 팀장님, 이 분석을 통해 세울 수 있는 대책은 무엇일까요?

◎ 매장의 문제를 찾자

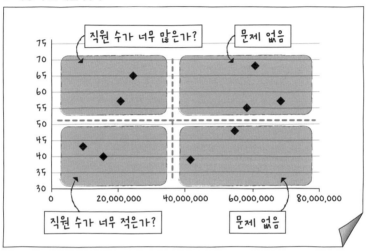

모두의 시선이 키무라에게 집중되었다. 찰나의 시간이었지만 생각에 잠겨 있던 키무라는 고개를 들었다. 그의 결론은 그동안 매장 시찰에서 받은 느낌과 완전히 일치했다.

🙂 키: 좌측 상단에 속한 매장 직원을 좌측 하단에 속한 매장으로 이동 배치하는 것입니다. 직원 수, 그러니까 인건비 상승 없이 단기간에 매출을 높일 수 있는 방법이겠네요.

토: 네. 제 생각도 같습니다.

그 후, 긴급회의를 통해 후쿠시마에게 보고하여 요코하마점과 신사이바시점 스태프 몇 명을 신속하게 고베점과 히로시마점으로 이동시키기로 결정했다.

회의에서 키무라가 사용한 자료는 조금 전 그 4분할의 그래프뿐이었다. 쓸데없는 정보나 숫자는 보이지 않게 만들어 후쿠시마도 단시간에 의사 결정을 힐 수 있었다.

WIXY의 매장은 생각보다 규모가 크지 않다. 그러니 한가한 직원이 많은 매장이라면 고객이 들어가기에 부담스러울 수 있다. 또 반대로 생각해보면, 직원이 꼼꼼하게 응대해주길 바라는 고객 입장에서는 적정 수의 직원이 있어야 한다.

열 개 매장은 상품 라인업은 물론, 분위기나 디스플레이 등의 요소가 거의 일치한다. 다른 것이 있다면 직원 수였다. 그러니 직원 수가 매출에 영향을 주는 요소라고 생각하는 것이 타당한 것이다. 이렇게 BRIGHT STONE은 또 하나의 큰 의사 결정을 했다.

숫자로 결정하면 납득하는 느낌이 다르다

한창 매출을 올려야 하는 이 시기에 매장 직원을 이동하는 일은 흔하지 않다. 직원을 이동하게 되면 키무라를 비롯 영업부원이 해당 직원에 대한 관리도 해야 하기 때문이다.

후: 이번 건은 매우 대담한 인원 전환 배치였어요. 해당 인원들이 혼란스럽지 않도록 철저한 관리 부탁합니다.

키: 네, 알겠습니다.

후: 그런데, 한 가지 물어보고 싶은 게 있어요.

키: 네.

후: 키무라는 지금까지 매장 직원 배치에 관해 누구보다도 완고한 편이었잖아요? 내가 의견을 냈을때도 반대할 정도로요. '사람을 여기저기 굴리거나 넣고 빼는 것은 좋지 않다'고 했었잖아요?

키: 하하... 분명 그런 적도 있었습니다.

후: 그런데 이번 건은 너무 시원하게 배치전환을 결정했단 말이죠. 게다가 이런 대담한 방식으로. 이유가 뭔가요?

토모카는 옆에 있는 키무라의 표정을 슬쩍 살펴보았다. 키무라는 잠시 생각하더니 곁눈질로 흘깃 토모카를 본 후 단호하게 대답했다.

🧑 **키:** WIXY가 저의 개인 브랜드였다면 이렇게 하지 않았을 겁니다. 하지만 그렇지 않으니까요. 숫자가 그렇게 말해주고 있으니 다른 방법은 없다고 생각했습니다. 이 일의 결과가 혹시 잘못되더라도 함께 논의한 동료들은 납득해줄 거라 생각했어요.

🧑 **후:** 그랬군요.

🧑 **토:** 딤징님, 요즘에 좀 변한 것 같네요.

🧑 **키:** 흠, 뭐 딱히 예전이랑 달라진 게 없는데요?

결과적으로 이번 인원 전환 배치는 성공적이었다. 요코하마, 신사이바시, 고베, 히로시마 네 점포의 매출이 크게 증가했기 때문이다. 이 흐름대로 간다면 연말연시의 할인행사의 성공은 보장되어 있었다. 대담한 전환 배치가 적절한 시기에 딱 맞게 진행된 덕분이었다.

5. 패션밖에 모르는
바보의 유일한 철학

키무라의 제안

11월 어느 날 밤 10시. 키무라와 토모카는 우연히 같은 시간에 퇴근을 하게 되었다.

두 사람은 회사 인근의 역까지 아무런 말도 없이 나란히 걷고 있었다. 이어지는 침묵이 괴로웠던 키무라가 먼저 말을 걸었다.

키: 이봐요,

토: 팀장님, 우리가 무슨 호랑이 담배피던 시절 부부 사이도 아니고, 그렇게 부르지 않으셨으면 좋겠습니다.

키: … 알겠어요…

침묵이 겨우 20초 정도 흘렀을까?

🧑 키: 부탁이 하나 있어요.

🧑 토: 네, 어떤 부탁이시죠?

🧑 키: 회사에 출근할 때 우리 회사 제품을 입어보면 어때요?

토모카가 멈춰 섰다. 평소에 하는 농담같은게 아닐까 잠깐 생각했지만, 키무라의 표정이나 목소리 톤이 평소와는 분명히 다르게 느껴졌다.

🧑 토: ... 왜 그래야 하죠?

🧑 키: 시바사키씨의 업무 방식이나 능력은 잘 알고 있어요. 숫자를 사용하거나 수학적인 사고방식이 비즈니스에서 필요하다는 것도 부정할 수 없고요. 하지만 우리는 패션 비즈니스를 하고 있잖아요?

🧑 토: ...

🧑 키: 그래서 시바사키씨가 우리 제품에 대해서도 잘 알고 있으면 좋겠어요. 제품의 매력이나 특징같은 것을 감각적으로 익혀 두면 좋겠어요. 그러면 더 다양한 제안을 할 수 있지 않을까요? 본래 영업 담당자에게 그 정도는 필수 사항이니까요.

토: …

신기하게도 토모카는 당황하는 기색이었다. 패션에는 조금의 흥미도 없으며 WIXY와 같은 느낌의 옷을 개인적으로 한 번도 입어본 적이 없었다. 상황과 상대에 맞게 적절한 옷을 입는 것이면 충분하다 생각했기 때문에, 패션에 쓸데없이 에너지를 쓰고 싶지 않았다. 이것이 시바사키 토모카의 패션 철학이었다.

 키: 적절한 설명인지 잘 모르겠지만… 예를 들어, 선술집 직원은 그 가게의 메뉴를 전부 먹어 보고 맛을 기억해야 하잖아요. 만약 직원이 가게 음식의 맛을 모르는데 '우리 가게의 추천 메뉴는 꼬치구이 입니다'같은 말을 할 수 있을까요? 그 추천이 믿을 만하긴 할까요?

토: …

키: 우리 고객도 상품의 매력을 충분히 이해하고 진심으로 추천할 수 있는 사람이 만든 옷을 사고 싶을 겁니다.

토모카는 지금까지 강사의 입장에서 업무를 처리해왔다. 사노 사장이 요구한 것이 '가르치는 일'이었기 때문에 사실 당연한 것이었다.

하지만 한편으론 주식회사 BRIGHT STONE의 영업부에 소속되어 WIXY라는 브랜드를 세상에 알리는 입장이기도 하다. 그러니 자사 제품을 스스로 완전히 이해하려고 하지 않는 토모카에 대한 키무라의 말은 하나도 틀린 게 없었다.

토: 처음이네요.

키: 응?

토: 처음으로 의견을 말씀하셨어요.

키: …

토: 패션은 분명 저에게는 가장 약한 부분입니다. 그래서 피하기도 했고요. 하지만 팀장님의 말이 맞다고 생각합니다.

키: 다른 사람의 의견을 인정하기도 하는군요?

토: 당연한 거 아닙니까?

두 사람은 근처 역 개찰구 앞에서 헤어졌다.

해봐야 비로소 알게 되는 것도 있다

그리고 이틀 후, 영업부에 충격적인 일이 있었다.

🧑 **키:** 대박...

👩 **나:** 시바사키씨!! 무슨 일 있는 거 아니죠?!

🧑 **콘:** 헐...

토모카가 처음으로 WIXY 제품을 입고 출근했다. 붉은 브이넥 니트에 꽃무늬 스커트, 검은 부츠, 어깨에는 스카프까지 둘러 포인트를 주었다.

😀 **후:** 시, 시바사키씨? 오늘 무슨 일 있어요? 오늘 저녁에 데이트라도 하나요?

👩 **나:** 시바사키씨, 진짜 잘 어울려요. 인기 많은 회사원 느낌이에요!

🧑 **키:** 푸하하하하하, 인기라니. 그리고 이 사람은 데이트할 상대도 없다고요. 푸하하하하하!!

🧑 **콘:** 팀장님, 너무 웃는 거 아닌가요...

토모카는 찌를 듯한 시선으로 키무라를 쳐다봤다.

토: 팀장님, 진짜 화나려고 하는데요...

키: 아, 미안해요. 평소와 정말 다르네요. 입어보니 뭔가 느껴지는 것도 있지 않아요?

토: 음... 그러니까... 저 같은 사람도 '입을 수 있다'는 것은, 패션에 서툰 사람도 조금만 노력하면 예쁘게 코디할 수 있는 브랜드일 수 있겠다는 생각이 들었어요. 아직은 잘 모르지만...

이날 키무라는 하루 종일 토모카의 복장을 놀려먹었다. 내심 기뻤지만, 티를 내지 않기 위해서.

6. | 회사가 성장하는 이유

키무라의 방송 출연!

겨울을 실감할 수 있는 추위가 계속되는 12월. BRIGHT STONE 영업부는 3일 후에 열릴 내년 S/S 컬렉션 전시회 준비로 한창이었다.

키무라가 제안했던 75% 비용 절감 기획으로 확실히 복사용지의 소비가 많이 줄었다. 절감되는 비용은 매우 적었지만, 직원들이 지출에 관해 인식할 수 있게 했다는 것이 큰 효과였다.

12월에 접어들면서 각 매장의 매출은 긍정적인 추이를 보이고 있었다. 작년보다 높은 판매고를 올릴 수 있을 것이라 기대할만 했다.

오후 한 시가 조금 지난 시간, 마침 외근 후 복귀한 키무라가 책상에 앉자마자 전화가 울렸다.

🧑 **키:** 네, 전화받았습니다.

🧑 **샤:** 키무라씨, 잠깐 시간 있어요? 회의실에서 잠깐 봅시다.

🧑 **키:** 네 사장님. 알겠습니다. 바로 가겠습니다.

전화기를 끊자마자 바로 회의실로 들어갔다. 사노 사장과 토모카가 앉아있었다. 키무라는 토모카 옆에 앉았다.

🧑 **샤:** 음... 미안해서 어쩌죠?

🧑 **키:** 네? 무슨 말씀이신가요?

🧑 **샤:** 아니 그게 사실은...

사노 사장은 WIXY가 20대 후반의 전문직 여성들에게 인기가 많은 이유, 그리고 작년 실적이 좋았던 이유를 취재하고 싶다는 요청을 받았다는 이야기를 전했다.

🧑 **키:** 취재요? 좋은 일 아닙니까?

🧑 **샤:** 회사를 홍보하기에 매우 좋은 기회인 것은 분명하지요.

최종장 | 숫자의 힘이 업무를 바꾼다

🧑 키: 맞습니다! 사장님께서 인터뷰를 하시나요?

🧑 샤: 아뇨, 제가 아닙니다. 여기 두 사람에게 출연을 부탁하려고 합니다만...

🧑 키: 네? 어째서...

🧑 샤: 나는 그런 미디어에 출연하는 건 조금... 아무래도 두 사람처럼 젊은 사람들이 출연하는 게 이미지에도 좋을 것 같아요.

솔직히 이런 경험이 없는 키무라는 속으로 기뻐하고 있었다. 하지만 토모카는 그렇지 않았다.

👩 토: 저는 좀 어렵겠습니다.

🧑 키: ... 왜요?

🧑 샤: ...

👩 토: 저도 사장님처럼 이런 일은 조금...

🧑 샤: 하지만 작년 실적은 분명히 두 사람의 공헌이었어요.

👩 토: ...

🧑 샤: 업무 방식과 브랜드의 매력을 홍보해 주면 좋을 것 같은데요.

🧑 키: 맞아요. 사장님 말씀처럼 시바사키씨가 없었다면 이런 취재 기회조차 없었겠죠.

👩 토: 거절하겠습니다.

 키: 그러니까, 왜요?

토모카는 단념한 듯 한숨을 쉬고 말했다.

토: 저 같은 사람이 나오면 브랜드 이미지에 악영향을 끼칠 수 있
어요.

키: 푸하하, 당신도 그런 거 신경 써요? 의외네요.

토: 그만 좀 웃어요. 어쨌든 전 절대로 하지 않겠습니다.

샤: 하하하, 알겠어요. 그럼 이번에는 키무라 혼자서 좀 진행해 주
세요. 부탁해요.

키: 알겠습니다. 기대가 됩니다!

흥분한 키무라의 텐션에 찬물을 끼얹듯 사노 사장이 말을 이어
갔다. 사장은 항상 씨익 웃으면서 뭔가 가볍게 말하는 편이었지
만, 이때의 표정은 매우 진지했다.

샤: 그리고 하나 더, 키무라씨에게 말하고 싶은 게 하나 있어요.

키: 네.

샤: 내가 시바사키를 우리 회사에 데려온 온 이유를 이제 알겠죠?
나는 회사 에이스가 직감이나 분위기만으로 일을 하면 언젠

가는 이 회사가 위기에 직면할 거라 생각했어요.

키: ...

사: 내가 키무라에게 원하는 것은 단 하나, 숫자를 사용하여 업무가 가능해지도록 되는 것이었습니다. 그것 뿐이었죠.

키: 네...

사: 시바사키씨의 지도가 도움이 됐을 겁니다. 실제로 업무 방식을 바꾸고, 비용 절감의 노력을 하면서 매상을 올리는 어려운 숙제도 어느 정도 답을 찾은 것 같고요.

키: 그건... 저기...

사: 이번 취재가 마침 딱 그에 걸맞은 보상이 아닐까 생각해요.

　　이렇게 BRIGHT STONE은 취재를 승락했다. 직장 여성을 대상으로 비즈니스를 하는 회사 중에 주목받고 있는 곳을 약 5분간 소개하는 코너에서 매장 및 본사 내부, 그리고 키무라의 인터뷰가 방송 될 예정이었다.

내일은 드디어 취재의 날

취재 전날 밤, 키무라는 조금 빨리 퇴근 준비를 했다.

🧑‍🦰 **나:** 어? 팀장님, 오늘은 퇴근이 빠르시네요.

👩 **키:** 응. 내일이 바로 그 날이니까요.

👨 **콘:** 인터뷰하는 날이네요.

👩 **키:** 네. 그래서 미용실에 좀 들렀나가 오늘 밤에 얼굴에 팩 좀 하고 빨리 자려고요. 그럼 먼저 들어갑니다.

소개팅 전날의 여직원 같은 키무라의 사고 회로에 옆에서 일하고 있던 토모카는 고개를 저었다.

매우 기분이 좋아진 키무라는 사무실에서 나오자마자 치하루에게 전화를 걸었다. 내일 있을 인터뷰 건에 대한 이야기를 아직 전달하지 않았기 때문이다. 지금까지 치하루가 무심코 한 말 중 키무라에게 깨달음을 준 말이 있었다는 것은 키무라 자신이 잘 알고 있었다.

🧑‍🦰 **치:** 뭐라고! 인터뷰? TV에 나오는 거야? 대단하다!

👩 **키:** 뭐 대단할 것 까지야...

치: 브랜드 홍보도 하고! 잘됐네!

키: 그렇지.

치: 뭐야, 반응이 왜 이래?

키: 아니... 고마워서.

치: ... 뭐가?

키: 아냐, 아무것도 아니야. 하하하

치: 저기... 나보다 수학왕에게 고맙다고 하는 게 좋을 것 같은데?

통화가 끝난 키무라는 뒤돌아서 사무실이 있는 빌딩을 잠시 바라보았다.

7. | 숫자는 무기가 될 수 있다

전 사원이 주목하는 방송!

드디어 기다리고 기다리던 방송 당일 18시 20분, 방송까지는 앞으로 10분. BRIGHT STONE의 전 사원이 사무실에 설치된 텔레비전 앞에 모였다. 마치 월드컵 국가 대표 경기를 응원하기 위해 모인 것 같았다.

키무라는 취재 내용이 무엇인지 그 누구에게도 이야기하지 않았다. 오히려 아무도 안 봐도 된다고까지 말했다. 키무라의 이런 반응을 모두가 이상하다 느낀 것은 당연했다. 그래서 오히려 사내의 관심이 더 커졌다고 할 수 있다.

사무실 중앙에는 웃는 얼굴의 사노 사장이 앉아있었고, 그 옆

에는 확실히 약간 긴장한듯 보이는 키무라, 반대쪽에는 후쿠시마
가 있었다. 물론 콘도와 나나도 있었다. 토모카는 저 뒤쪽에서 팔
짱을 낀 채 텔레비전 화면을 응시하고 있었다.

인터뷰에서 말한 키무라의 진심

드디어 방송이 시작되었다.

오모테산도점을 시작으로 주요 매장 외관과 소개 영상이 나오
고, 이어서 BRIGHT STONE의 사무실이 나왔다. 열심히 일을 하
고 있는 직원들의 모습이 영상에 담겨 있었다.

근무하고 있는 회사가 텔레비전에 소개된다는 것은 직원들에
게는 매우 큰 기쁨이며 사기를 높이는 일이기도 하다. 사실 이것
이 사노 사장이 이번 취재를 받아들인 진짜 이기도 했다.

드디어 키무라의 단독 인터뷰가 시작되었다. 인터뷰는 진행자
와 1 대 1로 대화하는 형식으로 진행되었다.

진행자: WIXY는 현재 20대 후반의 직장 여성에게 인기 있는 브랜
드라고 하는데 도대체 그 매력이 무엇입니까?

🧑 **키:** 네. 코디하기 쉬운 베이직한 아이템이 많고, 조금은 색다른 멋을 내고 싶을 때에도 센스 있는 '믹스 매치 룩'으로 손쉽게 코디할 수 있기 때문입니다.

👩 **진:** 역시 그렇군요. 상품들의 균형과 믹스 매치 룩 등을 생각하고 기획하는 역할을 하시는 분이 키무라씨군요. 제가 이런 말씀을 드리는 게 실례일지도 모르겠는데, 오늘 입으신 옷도 아주 멋지세요.

🧑 **키:** 칭찬 감사합니다. 패션은 감성 비즈니스입니다. 솔직히 말하면 저의 영향력이 크다고 생각합니다.

사내에서는 폭소와 악의 없는 야유로 분위기가 달아올랐다.

👩 **진:** 역시 키무라씨는 BRIGHT STONE의 에이스군요. 그럼 이런 좋은 분위기를 만들어진 비결이 있다면 공개 가능한 범위 내에서 가르쳐 주시겠습니까?

🧑 **키:** 숫자입니다.

👩 **진:** 네?

🧑 **키:** 숫! 자! 1, 2, 3, 4, 숫자입니다.

분위기가 달아오른 BRIGHT STONE의 사무실이 갑자기 조용해졌다.

 진: 숫... 자... 라고요?

 키: 네. 조금 전에 패션은 감성 비즈니스라는 말을 했습니다. 하지만 감성만 가지고 비즈니스 이끌어 나간다면 절대로 승부를 볼 수 없습니다. 어떤 의미에서는 완전히 반대이기도 하고요. 논리적으로 생각하고 숫자를 다룰 수 있는 능력이 필요합니다.

 진: 키무라씨는 학창 시절 이과 출신이셨나 봐요.

 키: 아뇨. 완벽한 문과였어요. 오히려 수학에 알러지가 있는 사람이었다고 할 수 있겠네요. 하지만 올해 저와는 완전히 반대의 능력을 가진 신입사원이 들어왔습니다. 촌스러운 안경에 우중충한 느낌, 패션과는 전혀 관계가 없어 보이는 신입사원이었죠.

 진: 네...

 키: 하지만 그분이 입사한 이후, 저의 업무 방식이 조금씩 바뀌었습니다. 그렇게 조금씩 다양한 분야의 일들이 순조롭게 진행될 수 있게 되었죠.

 진: 그렇다면 새로 입사하신 분의 영향이 컸다는 것인가요?

 키: 네. 그렇습니다. 패션 업계에는 그런 능력을 가진 사람이 많지 않기 때문에 회사 내에서 영향력이 대단했어요. 비즈니스에서

는 정말로 숫자가 무기가 된다는 것을 저는 그 분을 통해 배웠습니다. 처음에는 상당히 건방지다고 생각했지만... 지금은 감사하게 생각하고 있어요.

인터뷰를 끝으로 약 5분간의 방송은 종료되었다.

키무라가 토모카에게 전하고 싶었던 것

사노가 바로 키무라에게 말을 걸었다.

- 사: 키무라씨,
- 키: 네. 죄송합니다. 실은 중간부터는 제가 무슨 말을 하고 있는지도 몰랐습니다.
- 사: 아니 그런 게 아니라...
- 키: 네?
- 사: 그런 말은 방송에서 할 게 아니라 직접 말해야 되는 거 아닐까요?

텔레비전 앞에 모여 있던 사람들이 모두 웃으면서 키무라를 보고 있었다.

지금 이 상황이 무언의 압력으로 느껴졌는지 천천히 뒤를 돌아보니 토모카도 겸연쩍은 표정으로 이쪽을 바라보고 있었다.

🧑 **키:** 이봐요,

🧑 **토:** 노년의 부부가 아니라고 했을텐데요...

🧑 **키:** 어... 그...

5초 정도의 정적이 흘렀다.

🧑 **키:** ... 저기, 시바사키씨 덕분에 많이 배웠고, 업무에 더 충실하게 됐어요. 정말 고맙습니다.

🧑 **토:** 아뇨, 이것 또한 업무잖아요. 근데 진짜 이전보다 더 업무에 충실하고 있습니까?

🧑 **키:** 음... 뭐...

🧑 **토:** 숫자가 없는데요.

🧑 **키:** 뭐요?

🧑 **토:** 그 문장에 숫자를 넣어서 설명해 주세요.

두 사람이 만나지 이제 겨우 8개월. 앞으로 키무라는 토모카와 함께 다양한 일을 함께하며 숫자라는 강력한 무기를 자유롭게 다룰 수 있는 진정한 에이스로 성장할 것이다.

마치며

끝까지 읽어 주셔서 감사합니다.

혹시 키무라는 어떤 사람이라고 생각하셨나요?

책을 읽으시며 '맞아, 회사에 이런 사람 꼭 있지!!' 하며 그의 미숙함, 그리고 고군분투하는 모습을 보셨을지도 모르겠습니다.

하지만, 저는 이런 질문을 드리고 싶습니다.

지금 직장에서 시바사키 토모카의 역할을 하고 계신가요?

어쩌면 '나는 키무라 정도는 아니라'고 생각하고 계실지도 모릅니다. 하지만, 정말 그럴까요?

알고 있는 것과 실제로 현장에서 할 수 있는 것은 확실히 다릅니다.

이 책을 끝까지 읽으신 독자 여러분이 지금 일하시는 직장의

'토모카'가 되어 주시기를 진심으로 부탁드립니다.

　언젠가 주인공 두 사람과 함께, 여러분을 만날 수 있는 기회를 기대해 봅니다.

2013년 7월

후카사와 신타로

팀장님, 숫자로 말씀해주세요!

초판 1쇄 발행   2022년 5월 30일

지은이	후카사와 신타로
옮긴이	김형순
발행처	타임북스
발행인	이길호
편집인	김경문
편 집	황윤하
마케팅	유병준 · 김미성
디자인	하남선
제 작	김진식 · 김진현 · 이난영
재 무	강상원 · 이석일 · 이남구 · 김규리

북하이브는 (주)타임교육C&P의 단행본 출판 브랜드입니다.

출판등록	2020년 7월 14일 제2020-000187호
주 소	서울특별시 강남구 봉은사로 442 75th AVENUE빌딩 7층
전 화	1588-6066
팩 스	02-395-0251
전자우편	timebooks@t-ime.com

ISBN 979-11-91239-77-5 (03320)

* 이 책은 저작권법에 따라 보호받는 저작물이므로 무단전재와 무단복제를 금지하며,
  이 책 내용의 전부 또는 일부를 이용하려면 반드시 저작권자와 (주)타임교육C&P의 서면동의를 받아야 합니다.
* 값은 뒤표지에 있습니다. 잘못 만들어진 책은 구입하신 곳에서 바꾸어 드립니다.